青春文庫

日本史の真相に迫る

# 「謎の一族」の正体

歴史の謎研究会［編］



青春出版社

# 3 系図でひもとく日本史の主役たち……109

カバーイラスト■林毅／アフロ
本文イラスト■Dimec/shutterstock.com
制作■カミ通信（新明正晴）
地図■中山デザイン事務所
図版・DTP■フジマックオフィス

# 1 謎の一族が塗り替えた日本の歴史

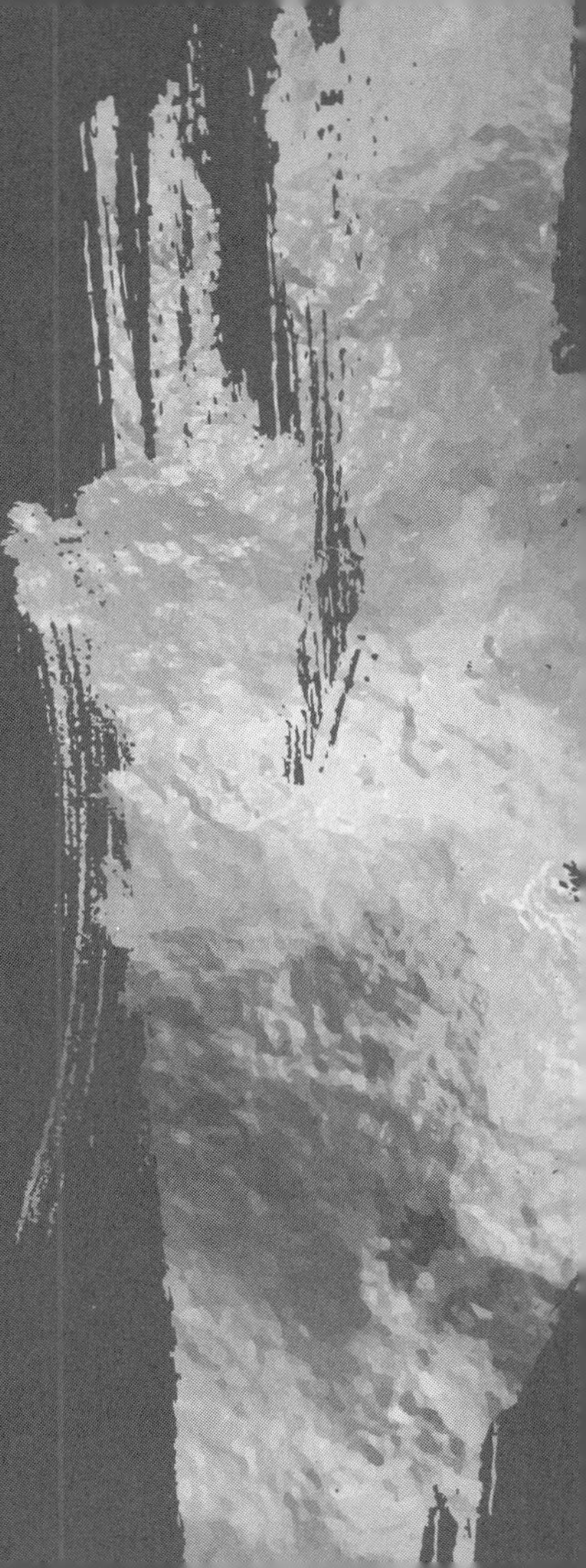

# 伊賀と甲賀の忍者はいかにして誕生し、そして消えていったのか

## ▼山ひとつ挟んで隣接する伊賀と甲賀

その昔、日本各地には、諜報活動に必要とされる特殊な能力を身につけ、権力者の耳目《じもく》となって活躍した闇の一族がいた。東北地方で早道之者《はやみちのもの》、間盗役《かんとうやく》、黒脛巾《くろはばき》組、関東で草、物見《ものみ》、乱破《らっぱ》、北陸・中部で軒猿《のきざる》、間士《かんし》、聞者役《ききものやく》、透破《すっぱ》、透波《すっぱ》、三ツの者、畿内で水破《すっぱ》、透波、伺見《うかみ》、奪口《だっこう》……などと呼ばれた、そう、忍者である。

忍者の役割とは、言うまでもなく敵地に深く潜入し、味方にとって有益な情報を盗み取ってくることにある。したがって忍者は、体術や剣術は言うに及ばず、様々な知識（土地土地の方言や変装術、薬学、天文学、心理学などなど）に通じていなければならなかった。

忍者が特に活躍したのは、やはり群雄が割拠《かっきょ》した戦国時代である。戦国の三英傑（織田信長《おだのぶなが》、豊臣秀吉《とよとみひでよし》、徳川家康《とくがわいえやす》）に代表される多くの権力者たちは例外なく忍者を使いこなしていた。そうした忍者集団のなかで特に有名なのが、ご存じ、伊賀《いが》忍者と甲賀《こうか》忍者である。

現在の三重県北部の伊賀国を拠点としたのが伊賀忍者で、滋賀県南部の近江《おうみ》国甲賀郡を発祥とするのが甲賀忍者である。両地は三重県と滋賀県の県境にあり、高旗山《たかはたやま》（標高七百十メートル余）という名の山ひとつ挟んで隣接しているところが興味深い。一体、この二つの忍者集団はいかにして誕生し、日本の歴史にどのような足跡をしるしてきたのであろうか。

### ▼傭兵として周辺の大名に従軍

忍者の起源だが、一説には聖徳太子《しょうとくたいし》に仕《つか》えた志能便《しのび》または志能備と呼ばれた大伴《おおとも》細人《のさびと》にまで遡《さかのぼ》るという。この志能便という言葉については、忍術研究家の奥平兵七郎氏は「主人によき便り、諜報をもたらすべく志す者」と解釈し、のちの忍びの者、忍者の語源になったと述べている。しかし、この大伴細人なる人物が公式記録に登場することはなく、あくまで伝承にすぎない。

伊賀や甲賀の忍者が表立って活躍するようになったのは、鎌倉時代から室町時代にかけてであった。政治の中心である京都に近く、山間地でもあった両地域には古来、小豪族がひしめいており、小競《こぜ》り合いが絶えなかった。そうした環境から自然、諜報活動や工作活動、奇襲戦などのわざが代々受け継がれ、磨かれていった。戦国時代に入ると、そうした伊賀や甲賀の人々が持つ特殊能力は周辺諸国の大名の目にとまり、傭兵《ようへい》という形で従軍を要請されるようになった。

しかし、伊賀と甲賀、どちらも金で雇われて従軍したことは確かだが、依頼主との付き合い方に大きな差があった。甲賀の場合、特定の大名に絞って加担したということ。これは、もともと甲賀の人々は近江国の佐々木六角《ささきろっかく》氏傘下の地侍だったことと無縁ではない。一方、伊賀の場合、そのへんはドライなもので、たとえ敵対関係にある両者から同時に依頼が入ったとしても双方に配下の者を派遣したという。

### ▼信長の次男が伊賀に侵攻する

戦国時代、伊賀と甲賀のどちらにも存亡をかけた合戦があったことをご存じだろ

伊賀と甲賀の位置関係

伊賀と甲賀は三重県と滋賀県の県境にあり、高旗山を挟んで隣接している。政治の中心である京都に近く、山間地でもあった両地域には古来、小豪族がひしめいており、小競り合いが絶えなかった。そうした環境から自然、諜報活動や工作活動、奇襲戦などのわざが代々受け継がれ、戦国期には周辺の権力者たちから敵の内情を探る間者《スパイ》として重宝がられた。

うか。その合戦を乗り越えたからこそ、伊賀および甲賀の歴史は後世に伝わったのである。それはどんな合戦だったのか。まずは伊賀忍者が皆殺しにされかけた「天《てん》正《しょう》伊賀の乱」からみていくことにしよう。

天正伊賀の乱は、伊賀国の領国化をもくろんだ織田信長と伊賀衆の戦いである。合戦は天正七年（一五七九年）九月の第一次と同九年九月の第二次の二度に及んだ。

第一次では、信長の次男信雄《のぶかつ》が、父に相談もせず独断で領国の伊勢から八千の軍勢を率いて伊賀国に三方から侵攻した。信雄は戦前、相手を甘く見ていたのだが、いざ蓋を開けてみれば織田軍の惨敗だった。

百地丹波《ももちたんば》らが率いる伊賀の地侍たちは、織田軍を山中に釘づけにし、軍勢を展開できないよう仕向けたのである。そうなると織田軍にとって大軍であったことがかえって災いした。身動きがとれなくなったところを、伊賀衆から火器を駆使した奇襲攻撃を仕掛けられ、織田の将兵は尻に帆をかけ伊勢へと敗走したのだった。

それから二年がたち、石山本願寺との抗争に決着をつけた信長は、満を持して伊賀に再侵攻した。このとき信長は信雄に対し今度こそはと汚名返上を厳命して五万もの大軍と歴戦の重臣をつけて送り出している。

## ▼伊賀越えで家康の道案内を

この第二次伊賀侵攻では、兵の数では圧倒的に劣るものの伊賀衆は今度も地の利を生かして果敢に奇襲戦で挑んだという。ところが衆寡《しゅうか》敵せず、八日間で伊賀はすっかり焦土《しょうど》と化し、非戦闘員を含む三万人もの伊賀衆が虐殺された。これは伊賀全体の人口九万人のうち三分の一に当たる人数だった。

こうして一時は存続が危ぶまれた伊賀衆であったが、本能寺の変の直後、運命が好転する。このとき徳川家康は信長から招待され、家来三十数人を引き連れのんびりと堺見物を楽しんでいたのだが、そこへ急使が飛び込んできて、信長が明智光秀《あけちみつひで》によって討たれ、家康自身の命も光秀によって狙われていることを知らされる。

もはや袋の鼠《ねずみ》も同然だったが、たまたま一行に伊賀者（服部半蔵正成《はっとりはんぞうまさなり》）が付き随っていたことが幸いし、家康主従は伊賀国経由で三河まで無事に帰還することができたのである。これこそ家康の人生で最大の危難の一つに数えられる通称「神君伊賀越え」である。このときの功により伊賀衆は徳川家に仕えることになった。

その後、信長に替わって天下の覇権をつかんだ秀吉は、家康の動静を監視するため、伊賀忍者とは対立関係にあった甲賀忍者を雇い入れたと伝えられる。

## ▼煙幕の中から現れる甲賀忍者

今度は甲賀衆の戦いぶりをみることにしよう。甲賀忍者が関与した最大の戦《いくさ》といえば、やはり「鈎の陣《まがり》」である。応仁元年（一四六七年）から足かけ十一年間も続いた全国的な争乱「応仁の乱」の終息後に起こった合戦である。

応仁の乱によって室町幕府の権威が地に堕《お》ちると、諸国の国人や地侍たちは勝手な振る舞いに及ぶようになり、幕府や公家、寺社が所有する荘園を押領《おうりょう》するようになった。近江国でも同様で、そうした国人や地侍たちを盛んにけしかけたのが、守護大名の六角高頼《ろっかくたかより》であった。

そこで幕府の第九代将軍足利義尚《あしかがよしひさ》は高頼の裏切りを見過ごすわけにもいかず、六角氏討伐《とうばつ》の兵を挙げた。長享《ちょうきょう》元年（一四八七年）九月十二日、義尚は自ら二万の大軍を率いて京を進発、高頼の居城観音寺《かんのんじ》城（滋賀県近江八幡市安土町）を目指した。すると高頼は大軍と戦うことの愚を避け、支配下にあった甲賀へと逃げ込んだ。このとき高頼に加勢したのが、甲賀忍者たちである。

六角高頼を追って甲賀口の鈎（滋賀県栗東市）と呼ばれるところまでやって来た幕府軍はそこで本陣を構えたのだが、すぐに甲賀忍者たちが仕掛けてくるかく乱戦法に悩まされることになる。忍者たちは火器による朦々《もうもう》たる煙幕の中から魔物のように現れ、本陣の建物に火をつけて回った。こうした奇襲が昼夜を分かたず繰り返されたことで幕府軍は動くに動けず、撤退もままならなくなった。

▼伏見城の戦いで壮絶なる玉砕

鈎に陣を構えてから一年半後、足利義尚は陣中で無念のうちに没した。まだ二十五歳の若さだった。これを機に幕府軍は撤収。こうして幕府の大軍を向こうに回して一年半もの間、本陣に釘付けにし、最後には自国から追い払うことに成功した甲賀忍者の活躍ぶりは大小の尾ひれが付けられ一気に周辺諸国に広がったのである。

その後の甲賀衆だが、織田信長の配下となり、信長が倒れると替わって天下人となった豊臣秀吉に仕えた。秀吉の下での主な任務は、徳川家康の動静を逐一監視することだった。家康には伊賀忍者が味方していたため、秀吉は伊賀衆と対立する甲賀衆をあえてその任務に当たらせたのである。

秀吉が亡くなると甲賀衆は家康に接近した。慶長五年（一六〇〇年）七月、「関ケ原の戦い」の前哨戦《ぜんしょうせん》となった「伏見城の戦い」では、西軍が伏見城を攻めた際、甲賀衆三百人ほどが伏見城に駆け付け、籠城《ろうじょう》軍に加わった。しかし、奮戦むなしくほとんどが討ち死にしたという。

のちに家康はこのときの甲賀衆の働きを称え、子孫を召し抱えて与力十騎、同心百人からなる「甲賀組」を編成させ、現在の東京・千駄ケ谷にある国立競技場のあたりに組屋敷を与えた。この甲賀組は代々、江戸城大手門、下乗門《げじょうもん》、中之門の大手三門の警備のほか、城内の警備にもあたったという。

## ▼四代目半蔵は浪人の憂き目に

甲賀衆同様、徳川家康に仕えることになったその後の伊賀衆についてだが、彼らもまた江戸城の警備などを担当した。その伊賀衆二百人（「伊賀同心」と呼ばれた）の束《たば》ねを家康から命じられた人物こそ、神君伊賀越えで活躍した二代目服部半蔵こと服部正成である。伊賀同心たちは主に江戸城西側の門を警備したことから、のちにその門は半蔵門と呼ばれた。

服部正成が亡くなると、長男正就《まさなり》が伊賀同心の支配役を引き継いだ。ところが、正就は伊賀同心らを自分の家来同然にこき使ったことから同心たちが反発、それがもとで正就は支配役を解かれ、蟄居《ちっきょ》を命じられてしまう。その後、四代目服部半蔵を襲名したのは、正就の弟正重《まさしげ》である。

この服部正重の代から服部半蔵家は伊賀同心の支配役に返り咲くことはなかった。正重は舅《しゅうと》の大久保《おおくぼ》長安《ながやす》と共に佐渡金山などの管理に当たったが、長安が家康によって粛清《しゅくせい》されると正重も連座し、所領三千石を没収され浪人の憂き目に遭う。ところが、捨てる神あれば拾う神ありで、正重は兄嫁の実家である桑名藩に家老として二千石で召し抱えられることがかなう。

この服部正重の家系が桑名で代々続き、十二代目服部半蔵正義《まさよし》の代で明治維新を迎えている。正義という人は温厚篤実《おんこうとくじつ》な性格で、維新後は生活に困窮する旧桑名藩士の救済につとめたという。

# 山国の信州に移り住んだ海人族・安曇一族の謎

## ▼山国の町で船の形の山車が巡行

日本人は飛び抜けてお祭り好きの国民だ。一年三百六十五日、日本のどこかで何らかの祭事が執《と》り行われていると言ってよい。なかには、わが目を疑いたくなるほどの奇祭も珍しくない。

たとえば信州長野の安曇野《あずみの》には、船の形をした山車《だし》が町内を巡行する「御船祭《おふねまつ》り」というのがある。とりわけ、毎年九月下旬に開かれる穂高神社《ほたかじんじゃ》のそれは、紅白幕を巻いた全長十メートル以上もある船同士を大勢の氏子《うじこ》たちが境内でぶつけ合う、いたって勇壮なものである。

船の形をした山車など珍しくもないと思った人もいるだろうが、よく考えてほしい。安曇野といえば北アルプスの麓《ふもと》、長野県中部に位置し、四方を山々に囲まれた正真正銘の山国である。なぜ、そんな山国で船の形をした山車が出るのだろうか。

しかも、信州でもこの安曇野地区だけに、「エゴ」という海藻を食べる食文化が昔から伝わっているという。海とは縁遠いはずの信州の一地方でこうした海を連想させる伝統や文化が連綿と受け継がれてきたのはなぜだろうか。

その謎を解くには、安曇一族について知る必要がある。かつて北部九州を本拠としていた安曇氏は、とつぜん故郷を捨て全国各地に散らばった。その一つが、この信州だった。海で生計を立てていた海人《あま》族（海洋豪族）であった安曇氏は一体なぜ故郷を捨て、はるか遠くの山国に移り住んだのであろうか――。

## ▼筑紫磐井の乱で故郷を失う

いわゆる記紀《きき》（『古事記』と『日本書紀』）にも登場する安曇（阿曇とも）一族は、筑前《ちくぜん》国糟屋《かすや》郡阿曇郷（現在の福岡市東部）が発祥地とされ、漁労や海上輸送を生業《なりわい》とする海人族であったが、同時に最新の灌漑《かんがい》技術に裏打ちされた優れた稲作技術もわがものとしていたことは特筆されてよい。

ほかに北部九州の海人族としては宗像《むなかた》氏、住吉《すみよし》氏、海犬養《あまのいぬかい》氏、海部《あまべ》氏などが知られている。安曇は海人津見《あまつみ》が転訛《てんか》したものとされ、津見は「住み」を意味し、安曇一族はそのまま「海に住む人」を指すのだという。

安曇氏の起源《ルーツ》だが、一体いつどこからやって来たのか、それは歴史の大いなる謎とされている。古代の北部九州は先住民族をはじめとして中国系やツングース系(満州からシベリア・極東にかけての北東アジア)、さらに越人系(ベトナム北部を含む中国の南方)などの民族が入り交じっていたと考えられ、それらが混血融合して誕生した一族の一つとみられている。

この安曇一族が故郷を捨てて諸国に散らばったのは、六世紀初頭から中ごろにかけてとされている。理由ははっきりしないが、当時、北部九州は部族間の争いが絶えなかったと言われており、それを嫌って故郷を捨てたのだという。

さらに、五二七年に起こった「筑紫磐井《つくしいわい》の乱」が決定打となった。これは大和朝廷と北部九州の豪族筑紫君磐井《つくしのきみいわい》との争いだが、安曇一族は敗者側の磐井に味方したため、終戦後、本拠地を失い、新天地を求めて全国各地をさまようはめに陥ったのだという。

## ▼東海方面と日本海方面の二つのルート

故郷を追われた安曇一族は、それこそ全国各地に散らばった。今日、その移住先と考えられているのは、先述した信州安曇野を代表格として、愛知県の渥美《あつみ》半島、滋賀県の安曇川《あどがわ》流域、伊豆半島の熱海《あたみ》、山形県の飽海《あくみ》郡……などで、いずれも「あずみ」が転訛して現在の地名になったものだという。

なかでも滋賀は、安曇一族が本拠を置いていた博多湾北部の志賀島《しかのしま》（「漢委奴《かんのわのなの》国王《こくおう》」の金印が発見されたことで知られる）から名前を取ったとされ、県内の随所に安曇一族との関係性が疑われる痕跡《こんせき》が散見されるという。

肝心の信州に定住した安曇一族だが、東海（太平洋沿岸）方面から入ったとする説と日本海方面から入ったとする説があり、結論は出ていない。東海方面ルート説では、名古屋から浜松を経て、天竜川を遡《さかのぼ》って信州に入ったと考えられている。一方、日本海方面ルート説では、糸魚川から姫川を遡って信州に入ったという。

いずれにしろ、安曇一族の一団が北部九州からはるばる信州の奥深くに分け入り、そこを定住の地としたことは間違いない。海人族であったはずの安曇一族が、なぜ

## ■安曇一族とのかかわりが疑われる場所の一部■

６世紀初頭から中ごろにかけて、安曇一族は北部九州から全国に散らばった。今日まで残っている地名（安曇《あづみ》、安積《あさか》、阿積《あづみ(あずみ)》、安住《あずみ》、渥美《あつみ》、熱海《あたみ》、厚見《あつみ》、厚海《あつみ》など）にその痕跡をみることができる。また、滋賀や志賀は本拠地である志賀《しかの》島《しま》に由来するという説もある。

❶本拠地・志賀島《しかのしま》（福岡市東区）
❷安曇野《あずみの》（長野県安曇野市）
③安曇《あずま》（鳥取県米子市下安曇／上安曇）
④安積《あづみ》（兵庫県宍粟市《しそうし》一宮町安積）
⑤志賀《しが》（和歌山県日高郡日高町志賀）
⑥志賀《しが》（和歌山県伊都《いと》郡かつらぎ町志賀）
⑦安曇川《あどがわ》（滋賀県高島市安曇川町）
⑧渥美《あつみ》（愛知県・渥美半島）
⑨厚見《あつみ》（岐阜市の大部分、旧稲葉《いなば》郡）
⑩熱海《あたみ》（静岡県熱海市）
⑪志賀町安津見《しかまちあづみ》（石川県羽咋《はくい》郡志賀町安津見）
⑫安住《あずみ》（富山市安住町）
⑬志賀《しが》（埼玉県比企《ひき》郡嵐山《らんざん》町志賀）
⑭志賀《しが》（長野県佐久市志賀）
⑮熱海《あたみ》（福島県郡山市熱海町、かつては旧安積《あさか》郡に属していた）
⑯志賀《しが》（宮城県岩沼市志賀）
⑰安角《あずみ》（新潟県岩船郡関川村安角）
⑱温海《あつみ》（山形県鶴岡市）
⑲飽海《あくみ》（山形県飽海郡）

### 〈安曇野までの推定ルート〉

Ⓐ（日本海沿岸ルート説）
北部九州から船で日本海沿岸を航行し、糸魚川のあたりにたどりつき、姫川を遡って安曇野に入った。

Ⓑ（東海方面ルート説）
北部九州から船で太平洋沿岸を航行し、名古屋のあたりにいったん上陸したのち、浜松から天竜川を遡って安曇野に入った。

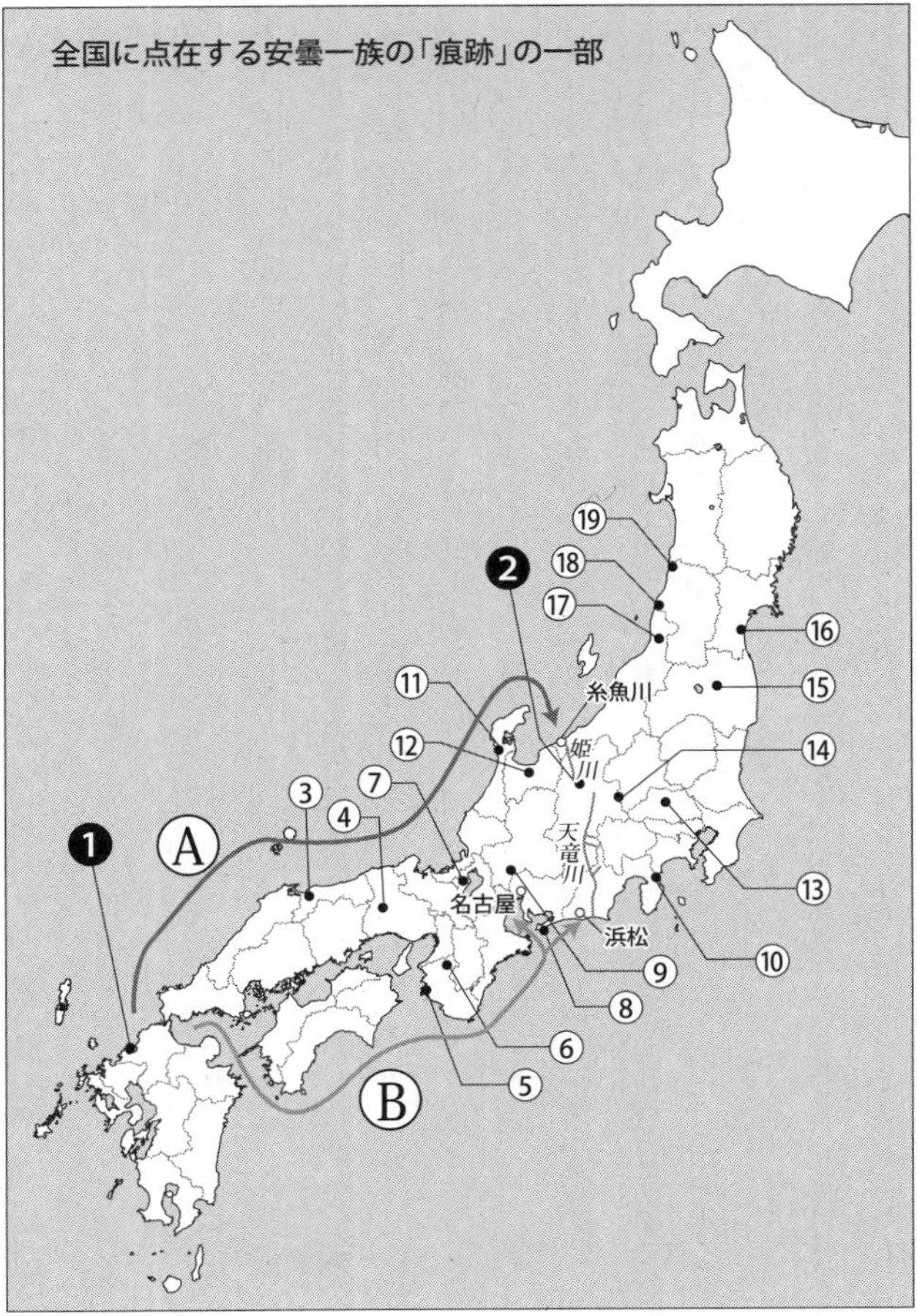
全国に点在する安曇一族の「痕跡」の一部
❶
❷
A
B
①
③
④
⑤
⑥
⑦
⑧
⑨
⑩
⑪
⑫
⑬
⑭
⑮
⑯
⑰
⑱
⑲
糸魚川
姫川
天竜川
名古屋
浜松

みようと考えたからではないだろうか。

こんな山国に定住したかと言えば、これは推測の域を出ないが、漁労や海上輸送と並んで、彼らがもう一つの得意分野としていた「稲作」に自分たちの未来をかけてみようと考えたからではないだろうか。

### ▼稲作に最適な条件がそろう

なによりもこの安曇平《あずみだいら》は稲作には最適な条件を備えた土地だった。内陸性気候のため日照量が多いことに加え、昼夜の寒暖差が大きいところから、米にとってはうまみのもとである澱粉《でんぷん》をたっぷり蓄えることができた。

雨が少ないさわやかな気候風土から、病害虫の発生も少なかった。肝心の水も、北アルプスを源とする清冽《せいれつ》な雪解け水が豊富で、稲作にとっては大敵の旱魃《かんばつ》の心配は無用だったのである。今日、この安曇平が、長野県内はおろか全国でも指折りの穀倉地帯となっていることを考えれば、安曇一族がこの場所に定住しようとした判断はけっして間違っていなかったのである。

こうして、それまで未開の荒れ地だった北アルプスの麓の土地を稲作用に開拓していった安曇一族。当時、このあたり一帯は、河川の氾濫《はんらん》が頻発《ひんぱつ》するためか先住民がいない空隙《くうげき》地帯だったと考えられており、部族間紛争や筑紫磐井の乱によって身も心も疲れ果て、あまつさえ故郷を追われ諸国をさまようはめに陥った安曇一族には格好の隠れ場所――安住の地だったに違いない。

## ▼海人族の末裔であることの誇りを胸に

安曇野市にある穂高神社は穂高見命《ほたかみのみこと》が主祭神。一方、かつて安曇一族が本拠としていた志賀島にある志賀海神社《しかうみじんじゃ》では穂高見の父とされる大綿津見神《おおわたつみのかみ》（伊邪那岐命《いざなぎのみこと》と伊邪那美命《いざなみのみこと》の間に生まれた）を主祭神として祀《まつ》っている。この大綿津見も穂高見も同じ海の守り神である。

信州と博多で一見何のつながりもなさそうだが、実は「海人族」という共通項によって深く結び付いていたのである。

冒頭で安曇野の奇祭「御船祭り」について述べたが、今日、安曇野で暮らす人々は、かつては海人族であった自分たちの祖先に対し感謝と慰霊の気持ちを表し、その末裔《まつえい》であることの誇りを胸に刻んで忘れないためにこの祭事を脈々と受け継いでいたのである。

# 戦国大名の耳目となった忍者一族をめぐる闇の系譜

## ▼風魔は大陸からの渡来人？

前項の「伊賀忍者と甲賀忍者はいかにして誕生し、そして消えていったのか」のところで、伊賀と甲賀の忍者についてその興亡の歴史をおおまかに述べたが、忍者はなにも伊賀と甲賀だけではない。本稿では、戦国大名の耳目《じもく》となって暗躍し、最後には名前も残さず歴史の闇に消えていった忍者の一族を二つほど紹介したいと思う。最初に、「相州乱波《そうしゅうらっぱ》」とも呼ばれた風魔《ふうま》一族から。

風魔は、風摩、風間、風广とも書かれるが、駿河と相模にまたがる山地を本拠地とした忍者の一族である。その先祖は、伊賀か武田の忍者から分かれた一派であるという説、あるいは騎馬戦術に優れていたという他国の忍者にはない特徴から大陸からの渡来人説などがあがっているが、はっきりしたことはわかっていない。

戦国大名の嚆矢《こうし》とされている北条早雲《ほうじょうそううん》に始まる後北条氏との結び付きが深く、頭目《とうもく》は代々小太郎を名乗った。なかでも有名なのが、後北条氏の三代氏康《うじやす》、四代氏《うじ》政《まさ》、五代氏直《うじなお》に連続で仕えた五代目風魔小太郎である。以下では、この五代目風魔小太郎が忍者としてどんな活躍をしたのかを述べてみよう。

## ▼風貌魁偉な五代目風魔小太郎

風魔一族について書かれたほぼ同時代の史料は、後北条氏の家来を経て、のちに出家し随筆家となった三浦浄心《じょうしん》という者が、江戸時代初期に著《あらわ》した逸話集『北条五代記』がほとんど唯一といってよい。それによると、天正年間――いわゆる織豊《しょくほう》時代の風魔の戦闘部隊は、小太郎を筆頭に二百人余からなり、それが五十人ずつ四隊（山賊、海賊、強盗、窃盗《せっとう》）に分かれていたという。

頭目の五代目小太郎の風貌骨柄《ふうぼうこつがら》は、まさに化け物であった。筋骨隆々とした身の丈は七尺二寸（約二・二メートル）もあり、顔つきなどについては「眼はつり上がり、口は広く裂け、四本の牙が外に飛び出ていた。頭は福禄寿《ふくろくじゅ》に似て鼻が高く、ひとたび高く声を発すれば五十町（五キロメートル強）は聞こえた」と描かれていた。話半分としても、かなり人間離れした人物だったことがうかがえる。

そんな五代目小太郎が配下の風魔忍者を率いて参加した合戦は二つある。まず、「河越夜戦《かわごえよいくさ》」。武蔵国にあった北条方の河越城の争奪をめぐって、北条氏康と、上杉《うえすぎ》憲政《のりまさ》・上杉朝定《ともさだ》・足利晴氏《あしかがはるうじ》の三者連合軍が干戈《かんか》をまじえた戦いである。この河越夜戦は戦国期にあっては、毛利元就《もうりもとなり》対陶晴賢《すえはるかた》の「厳島《いつくしま》合戦」、織田信長《おだのぶなが》対今川義元《いまがわよしもと》の「桶狭間《おけはざま》の戦い」と並んで、三大奇襲戦にあげられる合戦でもある。

### ▼奇襲戦で敵を消耗させる

天文十五年（一五四六年）四月二十日に起こったこの河越夜戦では、風魔はむろん北条方についた。風魔の忍者たちは城を包囲する三者連合軍の中に潜んで情報操作を行ったほか、小田原から駆け付けた北条氏康の本隊が連合軍に奇襲攻撃を仕掛けた際には、それと呼応《こおう》して内側から敵に襲いかかり、連合軍を大混乱に陥《おちい》らせたという。このときの風魔忍者の活躍があったればこそ、北条方は味方に十倍する八万もの敵を鮮やかに蹴散らすことができたのである。

これは江戸時代中期に成立した軍記物『関八州古戦録《かんはっしゅうこせんろく》』に記されている話で、同書は大多数の軍記物と比べ信頼性が高いことから、この河越夜戦での風魔の活躍はおそらく本当のことであったろうとみられている。

五代目風魔小太郎が配下を率いて参加したもう一つの合戦は、北条氏政・徳川《とくがわ》家康《いえやす》同盟軍と甲斐《かい》の武田勝頼《たけだかつより》が戦った「黄瀬川《きせがわ》の戦い」（天正七年＝一五七九年）である。この合戦で風魔の忍者たちは、得手《えて》の騎馬で武田の陣に昼となく夜となく奇襲を仕掛け、敵の神経を消耗《しょうもう》させた。

こうした度重なる奇襲により、ろくろく寝ることもできなくなった武田方では同士討ちが始まってしまうほどの混乱をきたしてしまい、とうとう北条・徳川同盟軍と本格的に戦うこともせず、撤退してしまったという。

## ▼江戸に出て盗賊に成り下がる

のちに武田方ではこのときの風魔の奇襲がよほど悔しかったのか、「怨《うら》めしの風魔が忍びや」と詠じて嘆いたという。

このように織豊時代には後北条氏のために華々しい活躍を見せた風魔一族であっ

たが、豊臣秀吉によって後北条氏が滅ぼされると、一族そろって江戸へ出て盗賊に成り下がってしまったという。このあたり、主家が滅べば次の新しい権力者にすり寄って一族存続の道を探った伊賀や甲賀の忍者とはまったく異なる。なぜ風魔は秀吉や家康にすり寄ることをしなかったのだろうか。これもまた、戦国史の大きな謎の一つに数えられている。

盗賊として江戸近辺を荒らしまわる風魔一族だったが、終焉《しゅうえん》はすぐにやってきた。元は風魔と対立した武田忍者で、風魔同様、主家が滅んでから盗賊に成り下がっていた高坂甚内《こうさかじんない》という者に隠れ家を密告され、一網打尽となった。頭目である小太郎も捕縛され、すぐに処刑された。慶長八年(一六〇三年)のことだという。

ちなみに、高坂甚内もまた、風魔一族が滅亡してちょうど十年後に一味そろって捕縛され、市中引き回しのうえ、浅草の刑場で処刑されたという。どうも忍者の末路には悲惨なものが多いようである。

### ▼伊達政宗の耳目となった黒脛巾組

風魔に続いて今度は伊達政宗《だてまさむね》が抱えていた「黒脛巾組《くろはばき》」という忍者集団について

語ってみよう。黒脛巾とは黒革の脛《すね》当て、革脚絆《きゃはん》のことで、それを装着することで組のしるしとしたのである。

『伊達秘鑑《だてひかん》』によれば、「政宗公は安倍対馬守重定《あべつしまのかみしげさだ》に命じて、農民などから偸《ちゅう》になれたる者五十人を選び、扶持《ふち》を与え、これを黒脛巾組と号す」とある。偸とは「盗むこと」や「盗賊」を意味し、政宗は、敵から有益な情報を盗み取ってくる間諜《かんちょう》としての役割を期待してこの言葉を使ったのであろう。

政宗が狙ったように、この黒脛巾組の役割はあくまで諜報活動が主体で、刀や槍を振り回しての勇ましい武力行為は一切期待されていなかった。彼らは、政宗の命に従い、商人や修験者《しゅげんじゃ》などに変装して周辺諸国に潜入し、必要な情報を盗み取ったり、敵をかく乱させるために流言蜚語《りゅうげんひご》を飛ばしたりしたのである。

## ▼敵陣に潜入して偽情報を流す

黒脛巾組が実際にどのような活躍をしたのか――。やはり忍者という裏方中の裏方だけに詳細は伝わっていないが、伊達家を窮地に陥《おとし》いれた「人取橋《ひととりばし》の戦い」（天正十三年十一月＝一五八六年一月）で暗躍したことがわかっている。

これは、伊達家を相続して間もないものの台頭著《いちじる》しい政宗の存在を危険視した佐竹《さたけ》氏や蘆名《あしな》氏ら南奥州の六大名が連合軍を結成して、政宗討伐《とうばつ》に動いた戦いである。連合軍三万に対し、伊達勢はわずか七千。政宗に到底勝ち目はなく、実際、戦《いくさ》が始まってみれば、伊達勢は連合軍に押されまくる一方だった。

「もはやこれまでか……」

さすがの政宗も覚悟を決めた矢先、不思議なことが起こる。なんと連合軍が突然、撤退を始めたのである。こうして九死に一生を得た政宗。なぜこんなことが起きたかといえば、その裏には黒脛巾組の暗躍があったという。

政宗の命を受けた黒脛巾組が敵陣に深く潜入し、「六大名のうち、誰と誰とは仲が悪く、この合戦のさなかに騙《だま》し討ちにしようとしている」といった偽《にせ》情報を六大名それぞれの陣中で流したのである。連合軍といってもしょせん寄せ集めだけに、彼らはその偽情報を信じ込み、疑心暗鬼にかかって陣を退《ひ》いてしまったという次第。

この撤退劇は表向きの理由として、連合軍の主力部隊であった佐竹氏の本領(常陸国《ひたち》)が、水戸の江戸《えど》氏や安房《あわ》の里見《さとみ》氏によって攻め込まれるという急報が入ったため、とされていることを付記しておく。

## ▼敵方に内紛を起こさせる

政宗と会津の蘆名義広《よしひろ》が戦った「摺上原《すりあげはら》の戦い」（天正十七年＝一五八九年）という合戦がある。これに勝利したことで政宗は南奥州を掌握できたのだが、この合戦でも黒脛巾組の暗躍が報告されている。一つには、修験者に成りすました黒脛巾組の者が蘆名氏の黒川城下（現在の会津若松市）に事前に潜入し、城内の様子や城下の地形、天候などを細大漏らさず調べ上げ、結果を政宗に知らせたことである。

さらに、蘆名氏の重臣で、この合戦で蘆名方に敗因をもたらした張本人とされる猪苗代盛国《いなわしろもりくに》とその子盛胤《もりたね》に争いを起こさせ盛国を内応（裏切り）させることに成功したのも、その裏で黒脛巾組が動いていたと言われている。

この黒脛巾組については、史家の間でもその存在に疑念を持つ向きも少なくない。なぜなら黒脛巾組は、江戸の中期以降の伊達家関連の史料にのみ登場するからで、後世の創作ではないかというのだ。しかし、政宗が家督を継いでわずか五年で強豪がひしめく南奥州の覇権を握ったことを考えれば、政宗の覇業を輔佐する黒脛巾組のような闇の情報機関が身近に存在したことは間違いないだろう。

# 柳生一族が徳川将軍家の兵法指南役になるまでの紆余曲折とは？

## ▼天下一の剣に押し上げた立役者

昭和の時代に少年期を過ごした人なら、映画やテレビドラマなどの「チャンバラもの」で柳生新陰流の名前はおなじみだろう。この流派を代表する剣の達人といえば、流祖石舟斎宗厳《せきしゅうさいむねよし》を筆頭に但馬守宗矩《たじまのかみむねのり》、十兵衛三厳《みつよし》、兵庫助利厳《ひょうごのすけとしよし》……などの名前があげられる。なかでも隻眼《せきがん》の剣豪ヒーローとして名高いのが、柳生十兵衛である。映画なら近衛《このえ》十四郎（松方弘樹の父）、テレビドラマなら千葉真一でその豪快な立ち回りを堪能した人も多いことだろう。

この柳生十兵衛の父が、但馬守宗矩である。宗矩こそは柳生新陰流を名実ともに天下一の剣に押し上げた立役者である。それまで大和《やまと》国（奈良県）の片田舎でただひたすら剣の腕を磨くことに明け暮れていた宗矩が、ひょんなことから徳川将軍家の兵法指南役に取り立てられ、やがて将軍家の懐刀《ふところがたな》と言われるまでに栄達を遂げ、最終的には一万石の大名にまで昇りつめるわけだが、一体そこにはどんな秘められたドラマがあったのだろうか。

宗矩が将軍家兵法指南役になるまでの大和における柳生一族の栄枯盛衰をたどりながら、そのあたりの謎に迫った。

## ▼後醍醐天皇から領地を賜る

柳生氏の祖先は、「天神さま」の菅原道真《すがわらのみちざね》だという。さらに遡《さかのぼ》ると、相撲の起源とされ、『日本書紀』に出雲《いずも》の勇士として登場する野見宿禰《のみのすくね》にたどりつくという。この宿禰の一族が大和に住んで土地の名から菅原姓を名乗り、そこから出たのが菅原道真であり、のちに「柳生」姓を名乗ることになる柳生一族だという。

したがって、柳生氏はもともと菅原姓を名乗っていたのだが、平安時代の末期となり、一族の中から菅原大膳亮永家《だいぜんのすけながいえ》という者が登場し、この永家か、もしくはその数代後の子孫が柳生姓を名乗り始めたという。

平安時代の初期、現在の奈良市東部に柳生郷と呼ばれた山間の土地があった。そこは関白藤原基経《ふじわらのもとつね》の荘園《しょうえん》で、大柳生《おおやぎゅう》、小柳生《しょうやぎゅう》、坂原《さかはら》、邑地《おおじ》の四つの地区に分かれていた。永家はそのうち小柳生の管理を基経から任されるようになる。

やがて南北朝時代となり、永家の子孫の柳生永珍《ながよし》という者がときの後醍醐《ごだいご》天皇に味方し、六波羅探題《ろくはらたんだい》の北条仲時《なかとき》の軍勢と戦った。このときの戦功により、永珍は帝《みかど》から小柳生庄を賜る《たまわ》。永珍は晴れて領主となったわけである。この永珍から数えて七代目（異説あり）が、戦国期に登場する石舟斎宗厳とされている。

### ▼上泉信綱から剣の手ほどきを受ける

永珍から石舟斎に至るまでのおおよそ二百年間、柳生氏の事績ははっきりしたことはわかっていない。しかしながら、山城国《やましろ》（京都府南部）との国境に位置するだけに、柳生氏ら大和の小豪族たちは度重なる戦乱の中で離合集散を繰り返したことは容易に想像がつく。こうした状況下、一族の命脈をつなぐための一つの手段として代々の柳生氏が選んだのが、剣の技量を磨くことだったのである。

石舟斎宗厳は、柳生氏当主・柳生家厳《いえよし》の嫡男《ちゃくなん》として大永七年（一五二七年）に生

## ■柳生氏略系図

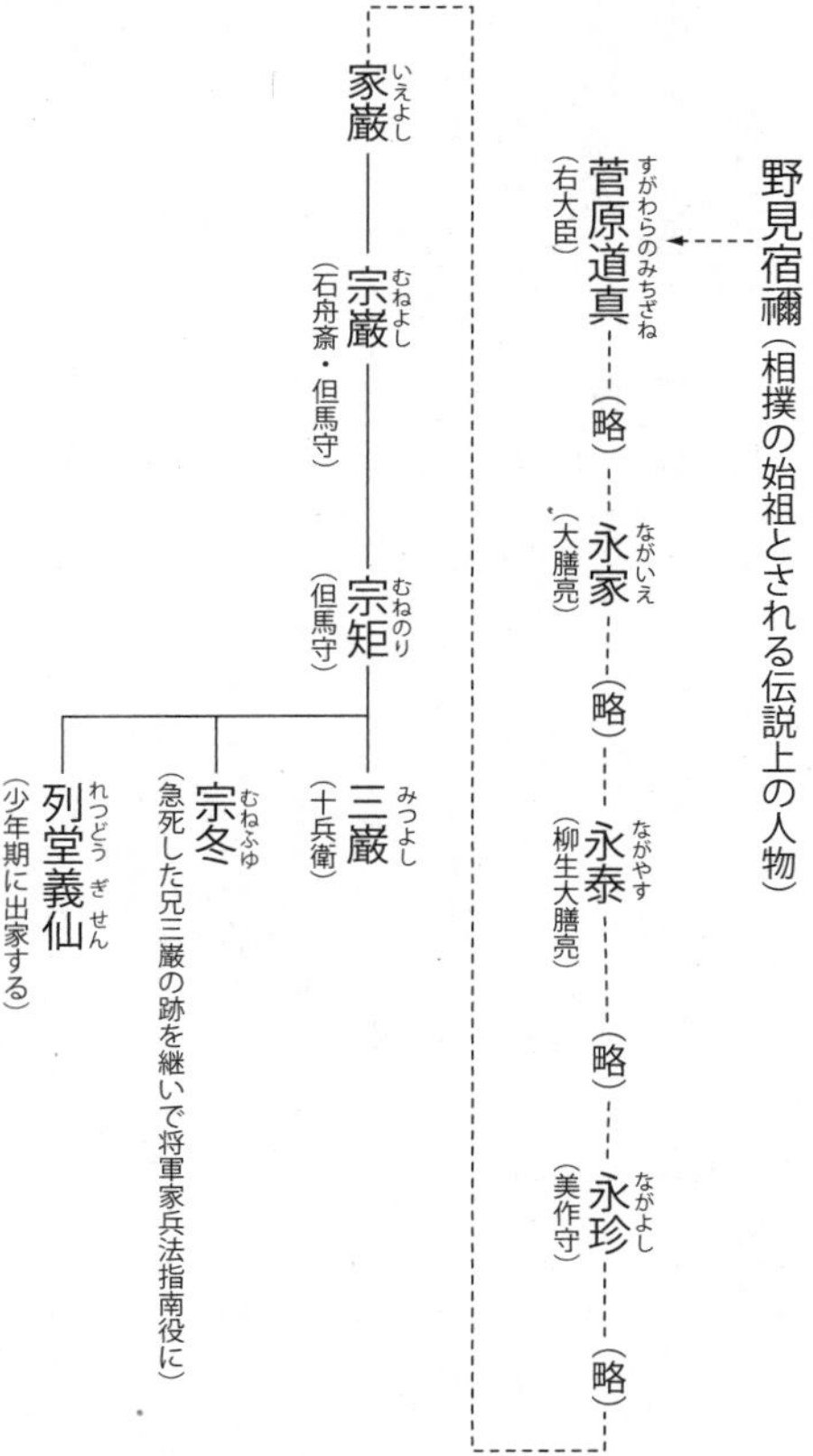
野見宿禰（相撲の始祖とされる伝説上の人物）
菅原道真《すがわらのみちざね》（右大臣）
（略）
永家《ながいえ》（大膳亮）
（略）
永泰《ながやす》（柳生大膳亮）
（略）
永珍《ながよし》（美作守）
（略）
家厳《いえよし》
宗厳《むねよし》（石舟斎・但馬守）
宗矩《むねのり》（但馬守）
三厳《みつよし》（十兵衛）
宗冬《むねふゆ》（急死した兄三厳の跡を継いで将軍家兵法指南役に）
列堂《れつどう》義《ぎ》仙《せん》（少年期に出家する）

まれた。戦国の風雲児織田信長《おだのぶなが》の七つ上である。父の家厳という人は小豪族ゆえの悲哀を嘗《な》め尽くした人で、一族の存続をはかるために最初は畠山氏《はたけやま》につき、その後は筒井順慶《つついじゅんけい》に、さらにその順慶を裏切って松永久秀《まつながひさひで》に乗り換えるといった具合で、なりふり構わず戦国乱世を泳ぎ切った。

この家厳の跡を継いだ石舟斎宗厳は、剣の鍛錬を続ける一方で松永久秀には側近として重用されたという。石舟斎は若いころから一廉《ひとかど》の兵法者として近郷近在に聞こえていたが、三十代半ばとなり、たまたま柳生の地を訪れた天下一の兵法者にして新陰流流祖・上泉伊勢守信綱《かみいずみいせのかみのぶつな》から剣の手ほどきを受け、それがきっかけで長足の進歩を遂げた。その数年後には柳生新陰流を名乗るようになったという。

## ▼家康に「無刀取り」の秘技を披露

信長によって松永久秀が滅ぼされ、さらにその信長が本能寺に倒れると、新支配者として豊臣秀吉《とよとみひでよし》の弟秀長《ひでなが》が大和に乗り込んでくる。このときの検地（太閤《たいこう》検地）によって隠し田が摘発され、石舟斎は所領没収の憂き目に遭う。こうして柳生一族は領地を追われて一時的に流浪生活を余儀なくされるほど零落《れいらく》する。一族の命運ももはやこれまでかと思われたところに、助け船を出す人物が現れる。その人物こそ秀吉に次ぐ実力者の徳川家康《とくがわいえやす》であった。

家康は若いころ、上泉信綱の新陰流を伝える奥山公重《おくやまきみしげ》（休賀斎《きゅうがさい》）という達人から七年間みっちり剣を学んだほどで、戦国武将の中でも随一の剣術の理解者であった。石舟斎は家康の御前で「無刀取り」の秘技を披露したところ、家康はすっかり気に入ってしまい、その場で柳生新陰流への入門を申し出たという。そこで、石舟斎はすでに老齢だったため息子の宗矩を指南役として推挙し認められている。文禄三年（一五九四年）五月のことで、このとき宗矩二十四歳。

こうして宗矩は徳川家に二百石で召し抱えられることになった。以来、宗矩は忠勤に励み、慶長六年（一六〇一年）にはのちに二代将軍となる徳川秀忠《ひでただ》の兵法指南役を任される。このころには父石舟斎の代で失った大和柳生庄二千石を取り戻したばかりか、別に一千石の加増を受け、合わせて三千石の大身旗本となっていた。

### ▼万石の大名にまで成り上がる

宗矩は父に勝るとも劣らない剣の達人であったが、人を斬ったことは生涯に一度きりしかなかった。それは、大坂夏の陣（慶長二十年＝一六一五年）で秀忠の身辺を警護していて、大坂方の兵に襲撃されたときのことだ。宗矩は素早く秀忠をかばうようにして前に出ると、瞬《またた》く間に敵兵七人を斬り伏せてしまったという。この一事からも、宗矩が修《おさ》めた柳生新陰流は道場剣法などではなく、まさに実戦に即した必殺剣だったことがわかる。

元和七年（一六二一年）には、三代将軍徳川家光《いえみつ》の兵法指南役となる。八年後の寛永六年には従五位下但馬守に叙任。その三年後には諸大名の行動を監視する総目付（のちの大目付）の大役を仰《おお》せつかる。栄達は続き、寛永十三年（一六三六年）には四千石の加増を受け、それまでの六千石と合わせてとうとう所領一万石の大名（柳生藩）となる。宗矩六十六歳のときだ。その後も加増は続き、寛永二十年には合計一万二千五百石を領するまでになった。

ただ一剣を引っ提《さ》げ、万石の大名にまで成り上がった兵法者は、戦国期・江戸期の両方を通じてこの柳生宗矩ひとりである。同時代に宗矩と同じ将軍家の兵法指南役に小野忠明《おのただあき》（小野派一刀流）という剣豪がいるが、忠明は六百石どまりである。宗矩のそれはいかに異例かおわかりいただけよう。

## ▼関ヶ原の戦いでは後方攪乱を

　では、柳生宗矩がなぜこれほど徳川幕府に重用されたのだろうか。実は、柳生一族には剣術家という表の面とは別に、諜報《ちょうほう》活動や交渉能力に長《た》けた一族という裏の面があり、幕府はこの能力を大いに利用したのである。こうした能力は柳生庄が、日本の政治・経済・文化の中枢である山城国に隣接するという地理的環境によって大膳亮永家以来代々一族に培《つちか》われてきたと考えられている。

　柳生氏のような小豪族が乱世を生き残るには、そのときどきの為政者《いせいしゃ》や周辺の有力豪族の顔色をうかがい、誰と手を組むかを瞬時に判断しなくてはならない。そこで不可欠になるのが、相手を知るための諜報能力であり、相手を味方に引き込むための交渉能力である。こうした能力は戦国期に現れた家厳やその子石舟斎によって最高潮を迎え、それがそのまま宗矩に継承されていたのである。

　そうした先祖伝来の裏の能力を宗矩が最初に発揮したのは、天下分け目の関ヶ原の戦いの開戦直前であった。まんまと石田三成《いしだみつなり》を挙兵させることに成功した徳川家康は、いの一番に宗矩を呼び寄せ、故郷である柳生庄にいったん帰って三成の後方攪乱《かくらん》を行うよう命じたという。

## ▼門弟を隠密として各藩へ送り込む

このとき宗矩は家康の期待に見事に応えた。父石舟斎と協力して筒井順慶など大和の大小豪族や伊賀の忍者衆を説得して糾合《きゅうごう》し、この方面での反三成の旗幟《きし》を鮮明にすることに成功する。のちに家康は宗矩のそつが無い働きを称賛し、父の代で失っていた柳生庄二千石を即座に戻してくれたという。

このときの働きによって宗矩は、家康に続いて二代秀忠、三代家光と歴代の将軍に懐刀として重用されることになった。宗矩が大目付に抜擢《ばってき》されたのも、そうした家伝来の裏の能力が認められたからだと言われている。

柳生新陰流が将軍家の御流儀になったことで各藩でも競って柳生新陰流を採用するようになった。特に、将軍家のご機嫌を損ねてはならじと考えた外様《とざま》大名たちの間でそれは顕著だった。そこで宗矩は求めに応じて門弟をどんどん各藩に送り込んだ。記録に残る外様大名だけでも、仙台の伊達氏、加賀の前田氏、東海の藤堂氏、阿波の蜂須賀《はちすか》氏、長州の毛利氏、佐賀の鍋島氏などの雄藩が名を連ねていた。

これら各藩に送り込まれた柳生新陰流の門弟たちには、藩士に剣の手ほどきを行うだけでなく、裏で藩の内情を探る任務も与えられていたとみられている。大目付となった宗矩は門弟を利用してこうした隠密活動を公然と行っていたのである。

## ▼従四位下を贈位される

江戸幕府草創期、家伝来の剣術と諜報能力という両輪をフル回転させて、一介の地方の小豪族だった柳生氏を、幕閣《ばっかく》でも隠然たる力を有する万石の大名にまで押し上げた石舟斎と宗矩。

石舟斎宗厳は慶長十一年（一六〇六年）四月十九日、柳生庄で亡くなった。享年八十と当時としては長命だった。宗矩のほうは正保三年（一六四六年）三月二十六日、江戸で死去。享年七十六。将軍家光はその死を惜《お》しみ、朝廷に働きかけて従四位下の贈位を決めている。一万石の小大名では例がないことだった。

大和柳生藩はその後、幕府の取り潰し政策に遭うこともなく明治維新まで存続した。また、柳生新陰流は宗矩の時代に尾張（名古屋）系統と江戸系統の二派に分かれたが、現在まで連綿と受け継がれている。

# 首斬り人・山田浅右衛門の家系はなぜ二百年間も存続できたのか

▼明治の毒婦を斬首刑に処す

明治初頭、希代《きだい》の毒婦として世間を騒がせた一人の女がいた。関係を持った男を次々と不幸にし、あげくには金貸しを殺害して現金を奪ったことから斬首《ざんしゅ》刑に処された女――高橋お伝（享年三十）である。異説もあるが、このお伝が、わが国で最後に打ち首になった女囚《じょしゅう》とされている。

このとき、お伝の首を刎《は》ねた首斬り役人の名は山田浅（朝）右衛門という。山田浅右衛門家は江戸時代、将軍家が所有する刀剣の試し斬りを専門に行っていたが、いつしか罪人の斬首刑も請け負うようになった特殊な家柄で、江戸前期に登場した初代浅右衛門貞武《さだたけ》から、この高橋お伝を処刑した浅右衛門吉亮《よしふさ》まで九人の山田浅右衛門が歴史上存在した。

代々、罪人の処刑を請け負うという、世界の歴史を見回しても稀《まれ》な家系はなぜ二百年間も途絶えることなく存続できたのであろうか。そのあたりの謎と、最後の首斬り人・浅右衛門吉亮に自らの首斬りという御役目《おやくめ》から手を引かせるきっかけになった高橋お伝とのかかわりについて以下で述べてみたい。

### ▼将軍家の刀剣で試し斬り

江戸時代の処刑史を語る上で、山田浅右衛門の名を無視することはできない。初代貞武から九代吉亮まで九人の浅右衛門でのべ約二千四百人もの罪人を斬首したという。九代吉亮だけでも、幕末から明治初頭までの十六年間で約三百人を斬首している。このことはのちに本人が新聞のインタビューにこたえて語っているので間違いないだろう。

吉亮が斬首した三百人の中には、明治新政府を倒す陰謀を企《くわだ》てたとして処刑された元米沢藩士の雲井龍雄《くもいたつお》をはじめ、美貌《びぼう》の毒殺魔・夜嵐お絹こと原田きぬ、大久保《おおくぼ》利通《としみち》暗殺犯の石川県士族・島田一郎、そして高橋お伝など有名人も少なくなかった。

くだんのインタビューで、吉亮はそれらの中から特に印象深い人物を聞かれて、雲井龍雄と島田一郎の名をあげている。

「処刑の場に臨《のぞ》んでも二人は泰然自若《たいぜんじじゃく》としており、やはり一流の人物は違うと感銘を受けたものです」と語っている。

まさに、江戸時代の処刑史はそのまま山田浅右衛門家の歴史と言えそうだが、そもそも試し斬り専門だったはずの浅右衛門家が、斬首刑の執行人という特殊な仕事をなぜ引き受けたのであろうか——。それを知るには、「公儀御様御用《こうぎおためしごよう》」という幕府の御役目について知る必要がある。

## ▼処刑を嫌がった同心たち

御様御用とは、将軍家が所有する刀剣の切れ味を、人間の死体を利用して試す役目のことである。その試し斬りの技は、織田信長《おだのぶなが》や豊臣秀吉《とよとみひでよし》に仕《つか》えた谷衛好《たにもりとも》という人物がもともと編み出したものだった。

その後、谷衛好の技（谷流と呼ばれた）は弟子筋の中川家、さらに山野家へと継承され、最後に山野家の弟子の一人で浪人の身分であった山田浅右衛門貞武へと受け継がれていく。

この時代、刀剣を試し斬りするのに巻藁《まきわら》を使う場合もあったが、やはり人間の体で試すのが正式な作法とされていた。そこで斬首刑にされた罪人の死体を調達し、その死体で試し斬りを行い、刀の斬れ味を確かめたのである。

そのうち山田浅右衛門家では、罪人の首打ちまで任せられるようになる。元来、町奉行所の同心たちがその役目を担っていたのだが、同心たちは「どうせ罪人の亡骸《なきがら》で試し斬りを行うのだから、首打ちも御様御用の者に任せてみようではないか」と考えたのである。

同心だって人の子。役目柄とはいえ、首斬りなどという寝覚めが悪い仕事はやりたくなかった。こうして浅右衛門家では、試し斬りのほかに罪人の処刑まで引き受けることになったという次第。

▼意外に裕福だった浅右衛門家

将軍家の佩刀《はいとう》を扱うだけに御様御用は名誉ある仕事とみなされたが、やはり「死」に直結した不浄な役目でもあったため、代々の浅右衛門の身分は浪人のままとどめ置かれ、直参《じきさん》に取り立てられることはついになかった。

身分は浪人であっても、浅右衛門家の内証《ないしょう》は裕福だった。将軍家からの報酬は年間五十両程度で、それだけでも十分一家を構えていけたが、浅右衛門家ならではの「副業」があり、それが本業をはるかに上回った。そのひとつが、愛刀家の大名などから入る試し斬りや鑑定の依頼である。その謝礼金は一刀あたり平均十両と高額だったが、御様御用の肩書は絶大で、降るように依頼が舞い込んだ。

もうひとつ、浅右衛門家には、試し斬りで使い終えた罪人の亡骸を自由にできる役得があった。そこで、代々の浅右衛門は亡骸から人胆《じんたん》――肝臓や胆嚢《たんのう》を抜き取り、製薬業者に売り渡したのである。

江戸時代、庶民の間でこれらの臓器で作った薬は「人胆丸《じんたんがん》」と呼ばれ、肺病に効く妙薬として高値でも飛ぶように売れたという。

▼毎夜、飲めや唄えやの宴会を

こうした浅右衛門家ならではの副業によって、代々の浅右衛門家は万石の大名家にも勝る収入があった。浅右衛門家にはたえず十人ほどの内弟子が寝起きしていたらしいが、彼らの衣食の面倒を見るくらいなんでもなかった。

そのままなら金はたまる一方だが、面白いのは代々の浅右衛門は例外なく金銭欲が希薄だったことだ。入ってきた金は右から左につかってしまい、ほとんど残さなかった。何につかったかといえば、まず、遊興費。毎夜の如く、町芸者などを屋敷に呼ぶなどして、弟子たちと飲めや唄えやの宴会を催したのだという。その点について九代吉亮は大要、次のように語り残している。

「手前でも弟子たちでも、罪人を斬って帰って来ると、顔がボーッとのぼせて大変な疲れを覚えます。血に酔う、とでも言うのでしょうか……。そのまま床につくことなど到底できません。その疲れをあしたに引きずらないために酒を飲んで騒いで発散するのです。こうした習慣は代々の浅右衛門に共通していました。この気持ちは人を斬った者でなければわからないでしょうね」

もう一つの散財は、幕府への献金と供養塔《くようとう》の建立《こんりゅう》だった。代々の浅右衛門はことあるごとに幕府に献金していた。十二代将軍徳川家慶《とくがわいえよし》が天保年間に行った日光参詣の際など、六代浅右衛門吉昌《よしまさ》は三百両もの大金をポンと献金したという。それだけ御様御用という御役目にありつけたことを恩に感じていた証拠だ。

▼弟子の中から優れた者を選ぶ

無縁仏のために供養塔を建てることにも熱心だった。七代浅右衛門吉利《よしとし》のときだけでも無縁仏碑建立が二十一カ寺にも及んだ。たとえ罪人であっても、人の命を絶つことに対し、代々の浅右衛門はどこか後ろめたさを感じ、それを振り払うために仏の慈悲の裳裾《もすそ》にすがろうとしたのだ。

したがって、実入りは多くても、それと同じくらいこうした遊興や供養塔の建立などで出費がかさみ、浅右衛門家の金櫃《かねびつ》に蓄えはほとんどなかったのである。

そんな山田浅右衛門家が二百年もの永きにわたり、存続できた要因だが、つねに首打ちや試し斬りの技量に長《た》けた者を弟子の中から選んで家督を相続させたことが大きい。代々の浅右衛門はたとえ実子であっても、剣の腕前が未熟であれば家を継がせなかった。九人の浅右衛門のうち、先代の実子だったのは二代吉時《よしとき》と八代吉豊《よしとよ》の二人だけである。

この点、わが子にはこんな因果《いんが》な仕事を継がせたくないという親心があったからでもあろうが、それよりも将軍家の御様御用を務めているという名誉の家柄を絶やしたくないという気持ちのほうが強かったのだろう。

もしも、首を打ち落とす土壇場でしくじった場合、御様御用という本来の御役目に泥を塗ったことになり、ひいては将軍家の威光に瑕疵《かし》を付けたことにもなるため、代々の浅右衛門はその場で御役目辞退を申し出る覚悟を常に胸に秘めていたとも言われている。首打ちとはそれほど甘えが赦《ゆる》されない御役目だったのである。

## ▼十二歳で最初の斬首体験

このように代々、弟子たちの中から剣の腕前が抜群の者を選び、家督を相続させたことで、首打ちの場で失敗することもなく、日々御役目に精勤できたのである。これが、二百年間、山田浅右衛門家が存続できた要因といえるだろう。

明治の世となり、刑死者の試し斬りや人胆の採取が政府によって禁じられたことで（明治三年四月）、八代目浅右衛門吉豊は「東京府囚獄掛《しゅうごくかかり》斬役」、すなわち首斬り役人として、実弟でのち九代浅右衛門を継ぐ吉亮とともに出仕する。吉亮はなんと十二歳のときに十七歳と偽って最初の斬首を行ったほど、筋金入りの首斬りだった。以来吉亮は、明治十四年七月に市ヶ谷監獄で強盗殺人犯の男を斬ったのを最後に、その御役目を終えている。このとき吉亮二十八歳。

その前年に政府は、斬首刑は野蛮な行為であるという西洋諸国からの突き上げに屈する形で死刑を絞首刑とすることに決めていた。こうして明治十五年から新刑法が施行され、首斬り役人の吉亮は職を失うことになった。

吉亮が明治の毒婦、高橋お伝を斬首したのは最後の斬首から遡《さかのぼ》ること一年半前の明治十二年一月三十日のことだった。実際のお伝は、毒婦でもなんでもなく、ただただ男運の悪いかわいそうな女だったが、刑死した後で新聞や小説、芝居などで捏造《ねつぞう》だらけの「稀代の毒婦」に祭り上げられてしまう。

▼土壇場で突然暴れ出したお伝

それは、まだ若い女（それも美貌の）が男を殺害するという事件が当時としては珍しく、マスコミの格好の餌食《えじき》となってしまったからである。しかし、お伝が毒婦として世に喧伝《けんでん》されたのは刑死後のことであって、斬首を担当した吉亮には、金貸しを殺害して死刑判決を受けた罪人の一人にすぎなかった。

当然、その日も何事もなかったかのように見事な手並《てなみ》で、お伝の斬首をし終えるはずであった。ところが、このときはいつもと勝手が違った。土壇場につくまでは大人しい態度であったお伝が、後ろで吉亮が刀を振りかぶったのを気配で察すると、突然ワァーワァーと泣き出し、恋人の男の名前を何度も口にしながら、「もう一度だけ逢いたい」と激しく身もだえを始めたから堪《たま》らない。

これではとても首は斬れない。そこで吉亮は刀を振りかぶったまま、つとめて平静に「わかった。逢わせてやろう」。そう声をかけると、お伝の動きがピタリと止まった。吉亮はこの瞬間を待っていた。無言の気合いで刀を振り下ろしかけた途端、お伝はそれが偽りであることを本能的に察し、またも暴れ始めたため、吉亮の刀は首ではなくお伝の後頭部にゴツンと当たってしまう。

### ▼存在意義が完全に失われる

その勢いで後頭部から鮮血をふりまきながら目の前の血溜《ちだま》りの穴の中に転げ落ちるお伝。吉亮は為損《しそん》じたことで動揺しながらもお伝を追って血溜りに飛び込むと、そこから這《は》い出ようともがくお伝の首めがけて刀を振り下ろした。しかし、今度もお伝が暴れたため失敗する。まさに、修羅場《しゅらば》であった。次の第三撃でなんとか首を打ち落とした吉亮は、肩で息をしながら人の手を借りてようよう血溜りから抜け出たが、その際、誰にともなく「母上を斬ってしまった」と呟《つぶや》いたという。

この言葉の真意はわからない。しかし、それ以後吉亮は、女囚の斬首を引き受けなかった。首斬り名人として名をはせた自分が衆人環視の中、あれほどの醜態《しゅうたい》を晒《さら》したことで精神的に余程こたえたのであろう。この高橋お伝を斬ったときの失敗が、三百人余もの罪人の首を刎ねてきた吉亮にとって唯一の為損じだった。

このとき吉亮は、斬首刑が廃止になるらしいという噂が周囲で囁かれていたこともあり、二重の意味で心理的な衝撃を受けたはずである。試し斬りの御役目はすでに廃止になって久しい。このうえ斬首の御役目まで奪われたのでは、御一新の世に山田浅右衛門家が存在する意義は無くなってしまう。この高橋お伝の斬首失敗は、そのことを吉亮に教えてくれたような出来事だったのである。

その後、吉亮は明治四十四年、五十八歳まで生きた。身内で財産争いなどもあり、晩年は貧困にあえいでいたという。山田家はほどなくして断絶した。

# 2

# 戦国乱世を駆けぬけた一族の光と闇

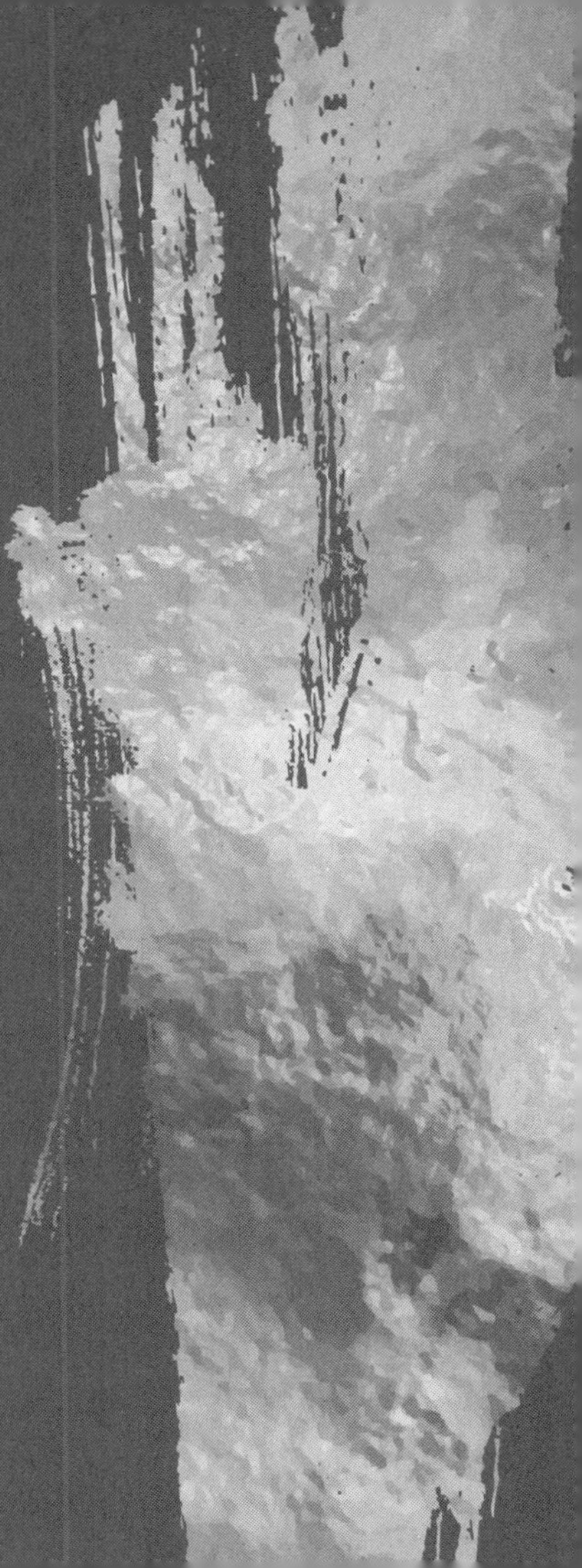

# 明智光秀の謎の前半生と一族のあまりに短い〝その後〟

## ▼謎に包まれた出自や前半生

明智《あけち》光秀《みつひで》といえば、ご存じ、戦国末期の武将で、主君である織田信長《おだのぶなが》を自害に追い込んだ「天下の謀叛人《むほんにん》」である。羽柴《はしば》（豊臣《とよとみ》）秀吉《ひでよし》や柴田勝家《しばたかついえ》らと並んで、信長にとってはその有能さでもっとも信頼される家臣の一人だったはずの光秀は、なぜ主君に刃《やいば》を向けるという暴挙に出たのであろうか。その動機は今もって解明されておらず、戦国期最大のミステリーとも言われている。

本稿では、そんな光秀の謀叛の動機を考えるのではなく、光秀に関するもう一つの大きなミステリーである、その出自に迫ってみた。信長の重臣の中でも、出自がほとんどわかっていないという点で光秀は、同僚の羽柴秀吉と双璧だ。しかし彼と

**■明智氏略系図**　（『続群書類従』所収の「明智系図」を基に作成）

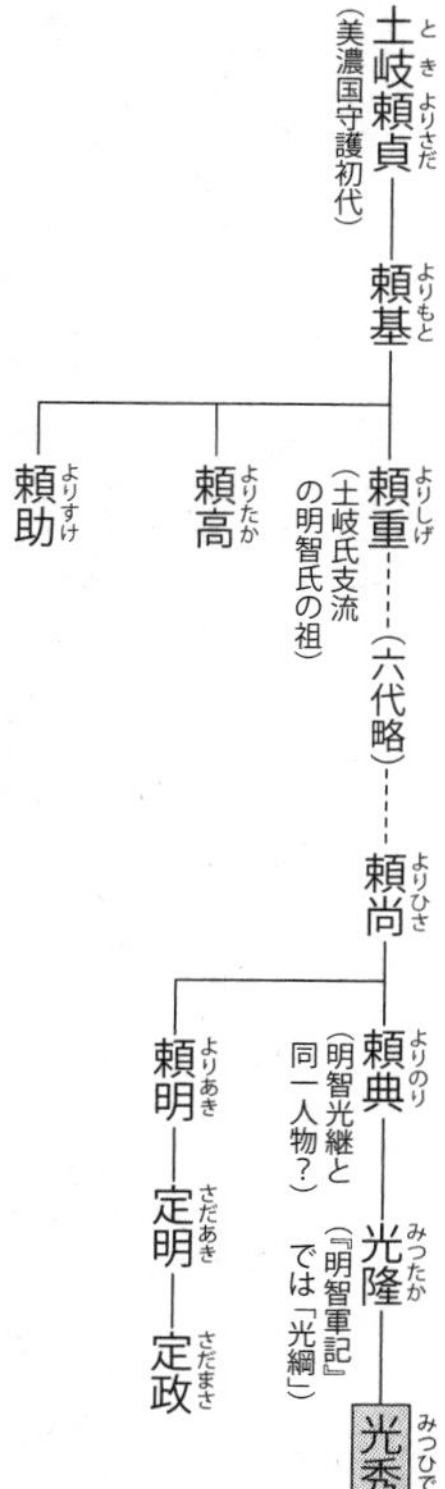

て、突然天から降ってきたわけではない。父母や祖父母がいたことは間違いないのだ。光秀という人物は一体、どんな一族の中から現れ、そして信長に見いだされるまでどんな人生を過ごしてきたのだろうか。

そんな謎だらけの光秀の出自や前半生を、残された乏しい史料を基に、以下で考えてみたいと思う。さらに本能寺後の一族の運命――光秀の愛娘・細川ガラシャに代表される明智一族の〝短いその後〟についても明らかにしていきたい。

## ▼通説で語られている前半生とは

織田信長に仕《つか》えるまでの光秀の前半生だが、世間一般に流布している通説は次のようなものである。

光秀は清和源氏・土岐《とき》氏の一門であった東美濃《みの》の明智城主・明智光綱《みつつな》の子として生まれる。光綱は父・光継《みつつぐ》とともに斎藤道三《さいとうどうさん》に仕えていた。道三の正室・小見の方《おみのかた》は光継の娘であり、のちに信長の正室となる濃姫《のうひめ》（帰蝶《きちょう》とも）を生んだ。つまり光秀と濃姫はいとこ同士ということになる。

やがて、道三が息子・斎藤義龍《よしたつ》との争いに敗れると、明智城も義龍に攻められて落城。若い光秀は命からがら城を抜け出す。その後、光秀は明智家再興を模索しながら浪人として諸国を遍歴し、どうにか越前の朝倉義景《あさくらよしかげ》に仕えることが適う。

ほどなくして三好三人衆に追われた足利義昭《あしかがよしあき》（のちの室町幕府十五代将軍）が義景を頼って越前にやってくると、光秀はその義昭に仕えるようになる。そのうち日の出の勢いの織田信長との仲をとりもつようになり、それが縁で信長にも仕えるようになった。つまり光秀は、二人の主君を持つ両属の家臣となったわけである。

――これが通説にある光秀の前半生だ。この説は江戸中期の元禄年間（一六八八～一七〇四年）に編纂《へんさん》された『明智軍記』が基になっており、司馬遼太郎が小説『国盗り物語』の中でこの『明智軍記』に依拠《いきょ》して光秀の前半生を描いたことから、いよいよこの通説が「真実」として広まってしまった。

## ▼明智氏と土岐氏の関係とは

ところが、『明智軍記』は光秀が亡くなって百年もたってから書かれていることを忘れてはいけない（著者は不明）。しかも、これはあくまで「軍記物語」であるため客観性に乏しく、あきらかな間違いが数多く指摘されていて、史料的な価値は低いという。

この『明智軍記』に限らず、『続群書類従』に収められた「土岐系図」や「明智系図」のように、光秀が土岐明智氏の出身だったとする史料は少なくない。

「明智系図」によると、明智氏は土岐氏から分かれた一族で、光秀は南北朝時代の美濃国守護土岐頼貞《よりさだ》（土岐氏としての美濃国守護初代）の孫で明智城主・明智彦九郎頼重《よりしげ》という人物の後裔《こうえい》とされている。明智氏は代々室町幕府に仕えて奉公衆《ほうこうしゅう》（幕府の武官官僚）を務めたという。

戦国時代となり、斎藤道三が下剋上によって土岐氏を追放し、美濃国を掌握すると、明智氏はその傘下に入り生き残りを図る。ところが、その後の道三・義龍父子の内紛で道三に味方したため滅亡を遂げてしまった悲運の一族だった。

▼光秀は身分の低い足軽だった？

しかしながら、光秀が明智城主の子だったとするこうした『明智軍記』や「明智系図」に基づく通説に対し、真っ向から疑問を投げかけるのが、『光源院殿御代当《こうげんいんどのごだいとう》参衆并足軽以下衆覚《さんしゅうならびにあしがるいかのしゅうおぼえ》』と題された史料の存在である。

**■明智光秀の一族**

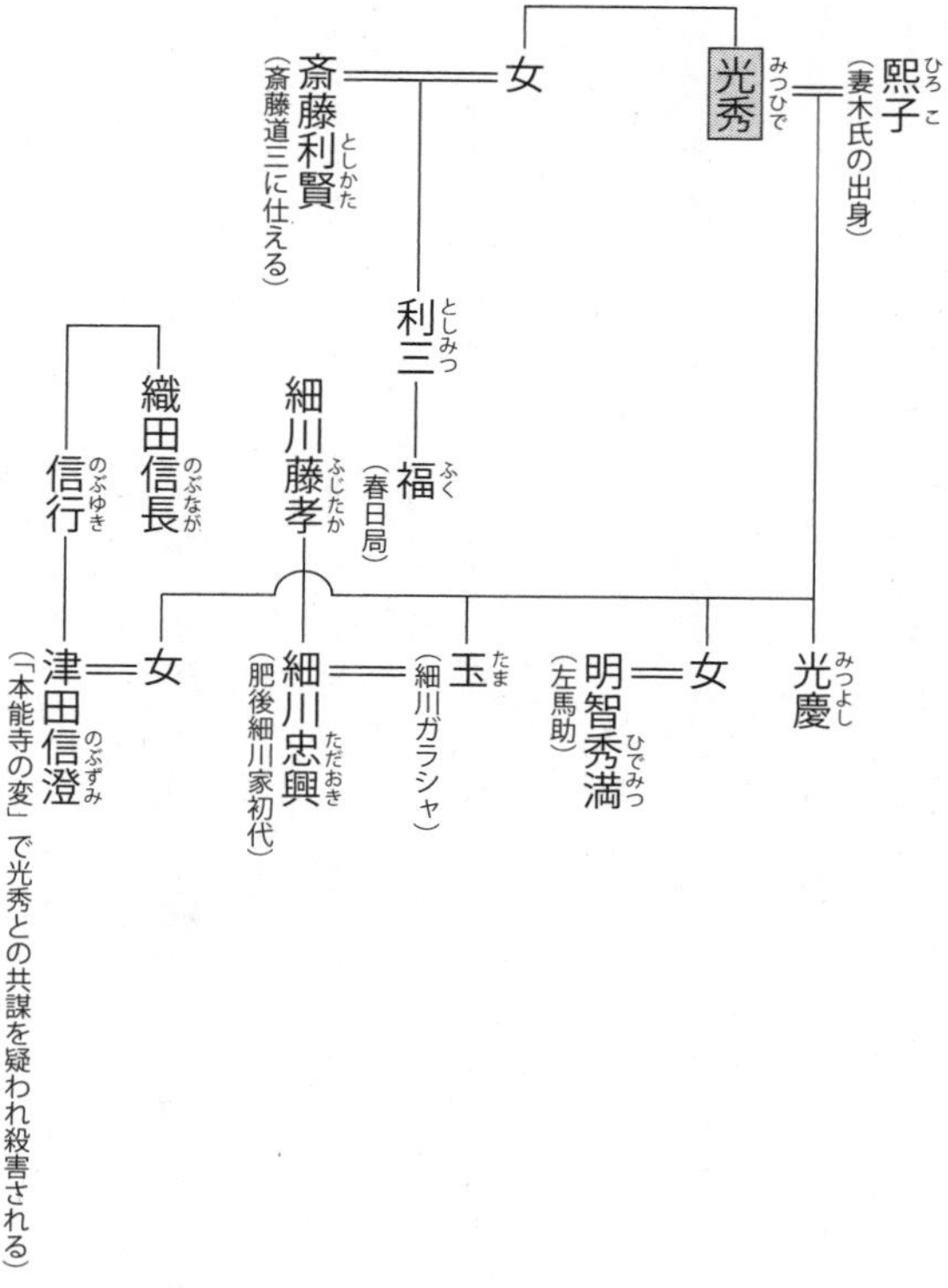
光秀《みつひで》
熙子《ひろこ》（妻木氏の出身）
女
斎藤利賢《としかた》（斎藤道三に仕える）
利三《としみつ》
福《ふく》（春日局）
織田信長《のぶなが》
信行《のぶゆき》
細川藤孝《ふじたか》
光慶《みつよし》
女
明智秀満《ひでみつ》（左馬助）
玉《たま》（細川ガラシャ）
細川忠興《ただおき》（肥後細川家初代）
女
津田信澄《のぶずみ》（「本能寺の変」で光秀との共謀を疑われ殺害される）

この史料は、室町幕府末期の十三代将軍・足利義輝《よしてる》とその弟で十五代将軍・義昭に仕えていた、直臣《じきしん》ではない身分の低い家来たちの名簿で、その中に記《しる》された「明智」という人物が、光秀のことだと考える史家が多いのだ。

そうなると、光秀が代々室町幕府に仕えて奉公衆も務めたほどの明智城主の子であったなら、名族の出身ということになり、こうした名簿に載ることは不自然である。光秀の側も当時の幕府に対し、自分がそうした名族の出身であると声を大にして主張した形跡はどこにもみられない。

それはつまり、光秀が土岐明智氏とは関係が無い、まったく別の明智氏の出身であったからか、あるいは勝手に明智氏を詐称したからではないだろうか。百歩譲って、土岐明智氏の庶流につながっていたかもしれないが、少なくても直系ではなかったために、「足軽」として名簿に登録されたのだ。

信長に気に入られ、日本で布教活動を行ったイエズス会宣教師ルイス・フロイスは光秀について、

「高貴の出ではなく、足利将軍家に仕える細川藤孝《ほそかわふじたか》（近世細川氏の祖）の家来だった人。その才略、深慮、狡猾《こうかつ》さにより、信長の寵愛《ちょうあい》を受けるようになった」

といった意味のことを書き記していた。このフロイスの証言からも、光秀が土岐明智氏の直系だったという説はやはり正鵠《せいこく》を得ていないように思われる。

▼足利義昭を奉じて上洛を果たす

吹けば飛ぶような足軽衆でしかなかった光秀が、羽柴秀吉の出世物語さながらに、その才能が細川氏や幕府内で認められて栄達を遂げ、やがて足利義昭と信長との仲立ちをするまでになった、というのが真相ではないだろうか。

——このように光秀という人物のルーツに関しては同時代の史料が乏しく、ほとんどわかっていないのが実際のところだ。光秀の父親に関しても、通説にある光綱以外に光隆《みつたか》、光国《みつくに》など十人以上もの候補者があがっており、特定には至っていない。

年齢も不明だ。出生年に関して有力なのは、次の三説である。

①永正十三年（一五一六年）説——享年六十七
②享禄元年（一五二八年）説——享年五十五
③天文九年（一五四〇年）説——享年四十三

本能寺の変（天正十年＝一五八二年＝六月二日）を起こした年齢として妥当と思

われるのはやはり②の享禄元年説で、これは『明智軍記』が基になっている。そうなると光秀は、四十九で非業の最期を遂げた信長より六つ年上だったことになる。

光秀が最初に信長に出会ったのは永禄十一年（一五六八年）ごろとみられている。このころ光秀は足利義昭に仕えていて、義昭と信長との間を行き来する連絡係のような役目を担っていたらしい。同年九月、信長は義昭を奉じて上洛《じょうらく》したが、その際、光秀も義昭に同行している。

## ▼戦の指揮を執らせても一流

このころには、光秀はその才を見込まれ、信長にも仕えるようになっていた。こうして光秀は、いよいよ表舞台に登場するようになっていく。

光秀が足利義昭を見限り、信長の家来一本に決めた時期については、はっきりしないものの、元亀二年（一五七一年）九月の「比叡山焼き討ち」の直後に、元は比叡山領だった近江国志賀郡五万石を信長から頂戴し、延暦寺の門前町であった坂本を拠点としたあたりではないかとみられている。『明智軍記』を信じれば、このとき光秀は四十四歳という年齢になる。

光秀という人物は、実務能力や交渉術に長《た》けた官僚型であっただけでなく、戦《いくさ》の指揮を執《と》らせても非凡だった。この「比叡山焼き討ち」では、光秀が率いた一隊は中心実行部隊として、五百余棟とも言われた寺社堂塔を残らず焼き払い、あまつさえ数千もの僧侶の首を刎《は》ねるという情け容赦のない集団殺害《ジェノサイド》を繰り広げている。

また、その前年の信長自らが出陣した越前攻めでは、越前の朝倉氏と近江の浅井《あざい》氏との連携による挟み撃ちに遭い、信長は生涯最大の窮地に陥ったが（「金ケ崎の戦い」）、このときの撤退戦を見事にやり遂げたのは、ひとえに殿軍《しんがり》をつとめた光秀隊の獅子奮迅の働きによるものだった。

後年、秀吉は自分が殿軍をつとめたからこそ、信長公を無事に逃がすことができたのだと周囲の者によく自慢したそうだが、これこそ死人に口無しというものだ。最近の研究では、このときの撤退戦は秀吉隊よりも光秀隊のほうがはるかに奮戦していたことがわかったという。

### ▼丹波一国をわずか四年で平定する

それはともかく、信長にこうした戦での活躍も認められ、光秀は志賀郡五万石を与えられたのである。昨日今日仕えたばかりの新参者であっても、家柄がどうであれ、自分が有能と認めたなら、それ相応に報いるのがいかにも信長らしい。

その後の光秀だが、伊勢長島攻めなどで功を重ねた結果、天正三年（一五七五年）七月、信長の推挙によって朝廷から「惟任《これとう》」の賜姓《しせい》と、従五位下日向守《ひゅうがのかみ》に任官を受け、惟任日向守となった。このあたりから信長に丹波国攻略を任されるようになり、それを光秀は、なんと四年という短期間で成し遂げてしまうのである。

あまり家臣を褒めたことがない信長でさえも、このときの光秀の抜群の功績に対し、「丹波での光秀の働きは天下の面目を施した」と賞賛を惜しまなかったほどである。こうして光秀は、織田家中では宿老という重臣の仲間入りを果たすのである。

その後の光秀だが、丹波に入って福知山城を改修し、城下町の整備にもつとめるなど領民の慰撫《いぶ》に熱心に取り組んだ。

家屋敷にかかる地子銭《じしせん》（税金）を免除したり、暴れ川として恐れられていた由良川の治水工事を行ったりしたのも光秀の功績のうちだ。結局、光秀がこの丹波国の領主であったのは三年余りと短期間だが、こうした功績によって領民に感謝され、今日でも光秀は地元の人々からは名君として慕われている。

### ▼側室を置かなかった光秀

さて、明智光秀の人生をざっとみてきた。おそらく信長という合理主義の権化のような人物との出会いがなければ、光秀は歴史の片隅に埋もれていたに違いない。しかし、それが光秀にとってしあわせなことだったのかどうかはわからない。

それはさておき、光秀の一族のその後について最後に語ってみたい。

まず家族から。光秀には熙子《ひろこ》という妻がいた。土岐郡妻木城（岐阜県土岐市）を本拠とした武将・妻木氏の出身とされている。

賢夫人で、生活に困窮したときは自分の黒髪を売って夫を支えた。光秀はそんな熙子を慈《いつく》しみ、生涯、側室は置かなかったという。相手が人妻であっても平気で手を出した秀吉とはたいへんな違いである。本能寺の六年前に病死したらしいが、このときの熙子にはのちの夫の悲惨な末路を知るよしもなく、最愛の夫に看取られながら逝《い》くことができて、まだしあわせだったかもしれない。

次に、子供たち。『明智軍記』によると、光秀と熙子との間には長男光慶《みつよし》以下三男四女があったそうだが、三人の男子の事績はほとんどわかっていない。「山崎の戦い」で勝利した秀吉軍は、余勢をかって光秀の居城である坂本城を攻めたが、その際、光秀の男子たちは燃え落ちた城と運命を共にしたものと思われている。

## ▼石田三成の人質になるのを拒否

生き残った女子の中で、特に悲劇的な最期を迎えたのが、三女の玉（珠とも）、洗礼名・細川ガラシャ（ガラシャはラテン語で〝神の恵み〟の意）である。

玉は天正六年（一五七八年）に細川藤孝の嫡男・忠興《ただおき》に嫁いでいた。その四年後に本能寺の変が起こったことで彼女の運命は一変する。「逆臣の娘」であるというので丹後半島に一時幽閉《ゆうへい》され、その後秀吉から赦《ゆる》されるが、細川家では四六時中監視される息の詰まる日々を過ごすことになる。

そうした辛い境遇のなか、一筋の光明を見いだしたのが、キリスト教への帰依《きえ》だった。洗礼も受け、ようやく穏やかな暮らしが戻ったと喜んだのもつかの間、秀吉が没し、徳川家康《とくがわいえやす》と石田三成《いしだみつなり》の対立が表面化すると、そのあおりを受けて玉は、事実上の自害を遂げてしまうのであった。

玉は、三成方の人質になることを拒み、家康方についた夫・忠興が心おきなく戦えるよう、自ら死を選んだのである。まさに、武士の妻の鑑といえよう。

このほか、光秀には兄弟が数人いたという記録もあるが、彼らの事績はまったく伝わっていない。

さて、家族の次は、光秀とは主従関係にあった家臣たち――広い意味での「光秀一族」にスポットを当て、その中から花も実もある二人の忠臣を取り上げてみた。

▼多士済々の家来が集まる

光秀は一代で低い身分から織田家の重臣にまで成り上がっただけに、徳川家康のように譜代《ふだい》の家臣はいなかった。その軍事力を支えていたのは光秀同様、美濃出身の国人衆をはじめ、領地があった近江や丹波から登用した地侍たち、または室町幕府に仕えていたが幕府が崩壊して行き場を失った旧幕臣も多かった。

そうした多士済々の家来衆の中でも、光秀にとっては股肱《ここう》の臣で、忠義の武将として後世に名を残したのが、斎藤利三《としみつ》と明智左馬助秀満《ひでみつ》の二人である。

斎藤利三は、はじめ美濃の斎藤義龍の家臣となり、のち西美濃三人衆の一人、稲《いな》葉一鉄《ばいってつ》に仕えた。利三は一鉄の姪《めい》を妻に迎えて一門衆の扱いを受けるが、やがて一鉄と喧嘩別れをし、何らかの縁戚関係があった光秀に仕えるようになる。一説に、利三の母は光秀の妹だったとも言われている。

その後利三はすぐに明智家の筆頭家老に取り立てられていることから推して、やはり光秀とは縁戚関係にあったことは間違いないだろう。光秀に仕えたのはわずか二年ほどだったが、その忠誠心は一通りではなかった。本能寺の変では、計画を聞かされ、最後まで光秀に思いとどまるよう諫言《かんげん》したと言われている。光秀が後世、「逆臣、逆賊」の汚名を着せられることを憂えたからだった。

秀吉軍と戦った「山崎の戦い」では先鋒として活躍するも、武運拙《つたな》く敗走。近江堅田《かたた》のあたりで捕らえられ、京の六条河原で斬首された。

▼明智左馬助の湖水渡り

こうして非業《ひごう》の最期を遂げた利三の娘が、のちに江戸幕府三代将軍・徳川家光《いえみつ》の乳母・春日局《かすがのつぼね》（本名は斎藤福《ふく》）となり、幕政にも隠然たる力を及ぼすようになるのだから、歴史は皮肉である。

光秀のもう一人の股肱の臣・明智秀満についてだが、この人物は出自など前半生はまったくわかっていない。はじめ三宅《みやけ》姓を名乗っていたらしい。歴史の表舞台に登場するのは、光秀の娘（養女説も）を娶《めと》り、明智姓を頂戴してからである。本能寺の変では、先鋒を命じられるほど光秀の信頼は厚かった。

本能寺後、秀満は安土城の守備を任されるが、「山崎の戦い」で光秀が敗れたことを知ると、ただちに坂本城に駆けつけた。その際、馬に騎乗したまま琵琶湖を渡ったとされている。これこそ、講談などでおなじみの名場面「明智左馬助の湖水渡り」である。

無事に坂本城に入った秀満だったが、秀吉軍に包囲されると覚悟を決め、城にあった名刀の類《たぐい》を、目録を添えて敵方に贈った。天下の名刀が戦火で失われるのを惜しんだからである。このとき、光秀愛蔵の郷義弘《ごうのよしひろ》の脇差《わきざし》だけは差し出さなかった。理由を聞かれ、「これはあの世で御主君への手土産じゃ」そう言って莞爾《かんじ》として笑ったという。

その後、秀満は、光秀の子供たちを次々に彼岸《ひがん》へと送り、自分たちがいる天守に火を放つと、最後に自らも腹を切ったという。まさに、武士の一つの理想像を体現した天晴《あっぱ》れな生き様であった。

## ▼家来の端々にまで慕われる

紙幅の都合上、光秀の家臣については二人しか紹介できなかったが、この戦国期、光秀ほど家臣に恵まれた殿さまも少ないだろう。

先述したように家康の場合と違って、光秀の家来はほとんどが名もない寄せ集めで、しかも家来になってから日も浅かった。忠誠心は薄いはずなのに、上は家老級の重臣から下は足軽の端々に至るまで光秀は慕われていたようである。

例えば、本能寺襲撃の際、直前に味方から裏切り者が出て、本能寺に通報される危険性は十分あったのに、実際にはそうしたことは起きていない。また、「山崎の戦い」で味方が敗色濃厚となった際、光秀を逃がすために明智方の数百もの兵士が自ら進んで最前線に立ち、押し寄せる秀吉軍の餌食《えじき》になったと伝えられている。

どうやら天下の謀叛人、明智光秀にはわれわれがまだ知らない人間的魅力――信長や秀吉にもひけをとらない、一族郎党を一瞬で虜《とりこ》にしてしまうような人間的魅力が備わっていたに違いない。

# 織田信長の〝覇業〟は父祖の礎なくしては実現不可能だった

▼信長は天から舞い降りてきた？

世の中に大変革をもたらした偉人というのは、突然天から舞い降りてきたような印象がある。その最たる人物が、戦国期に天下統一を目指した織田信長《おだのぶなが》である。

東海の盟主・今川義元《いまがわよしもと》を奇襲戦で破ってからというもの、周辺勢力を次々に平らげ、室町幕府さえも滅ぼし、無人の野を征《ゆ》くが如く天下統一事業を推し進めた信長。その覇業の実現はあと一歩のところで家臣の明智光秀《あけちみつひで》の謀叛《むほん》によって頓挫《とんざ》したが、信長がのちの日本の歴史に与えた影響は計り知れないものがある。

あまりにも存在感が大きいだけに、先述したように突然天から舞い降りてきたような印象だが、信長とて自身一代であれほどの活躍を為し得たわけではない。つまり、彼の父祖の存在無くして戦国の風雲児・信長は生まれなかった。祖父と父、二代にわたって敷いてくれたレールがあったればこそ、その上を「信長号」という特急列車はばく進することができたのである。

本稿では、織田信長一族の歴史をたどるとともに、あまり知られていない信長の父祖の事績について語ってみることにする。

## ▼信長のルーツは越前にあり?

まず、織田氏の先祖について。最初に言ってしまうが、諸説あって定まっていないのが実際のところだ。その中でも有力な説を紹介しよう。

まず、平氏説。これまで織田氏の先祖は江戸時代に書かれた「織田系図」によって、平氏と信じられてきた。平清盛《たいらのきよもり》の孫で、壇ノ浦の戦いで戦死した平資盛《すけもり》の遺児が近江国津田郷に隠れ住み、親真《ちかざね》と称した。この親真が織田氏の祖で、その後親真は越前国織田《おた》荘に移り、その子孫が織田姓を名乗ったという。

しかし、この織田家の系譜は近年では創作と考えられている。福井県越前町の法楽寺という寺院から親真の墓石の一部がみつかり、そこに親真の死亡年月日が刻ま

**■織田氏略系図**

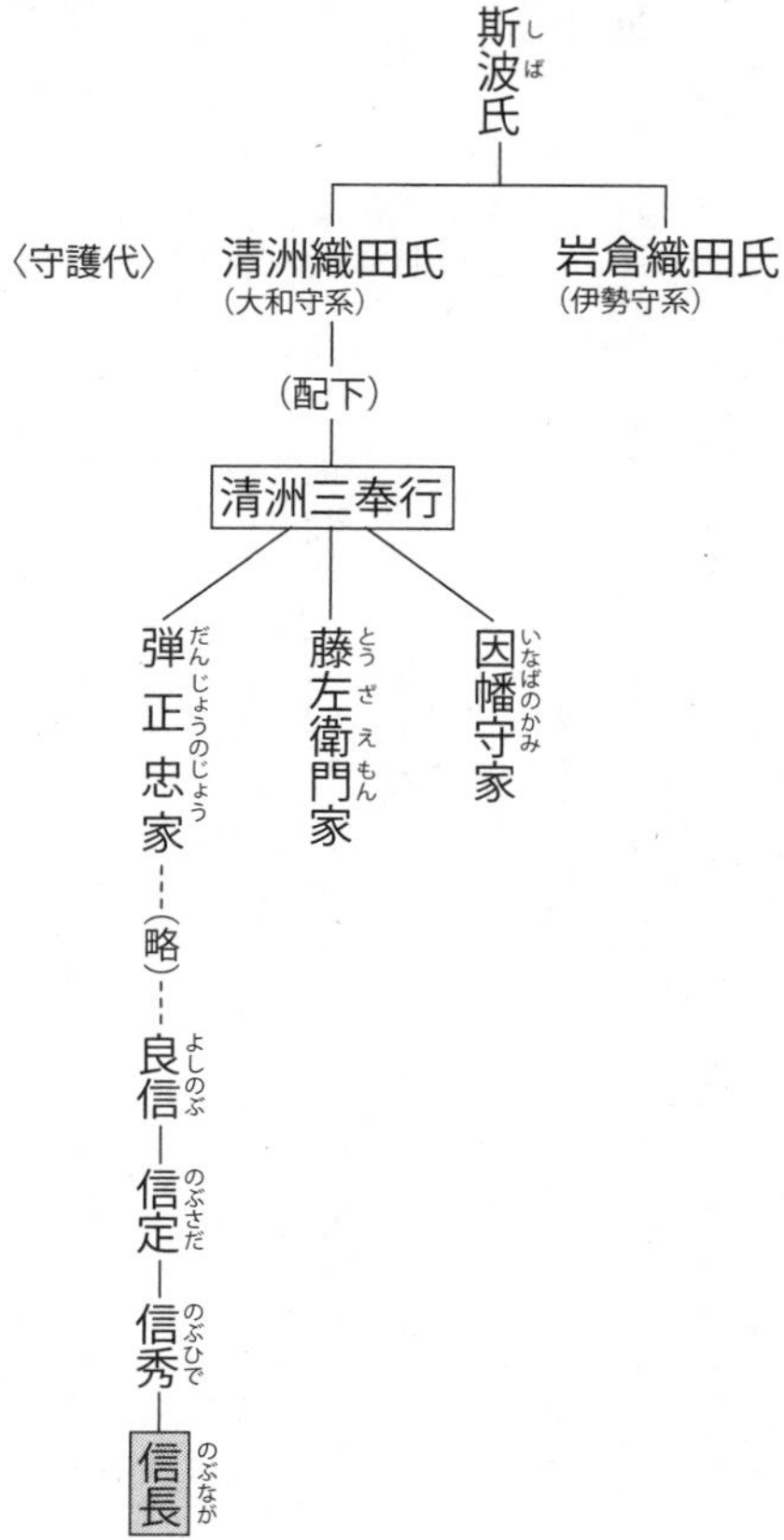
斯波氏《しば》
〈守護代〉
清洲織田氏
（大和守系）
岩倉織田氏
（伊勢守系）
（配下）
清洲三奉行
弾正忠家《だんじょうのじょう》
藤左衛門家《とうざえもん》
因幡守家《いなばのかみ》
（略）
良信《よしのぶ》
信定《のぶさだ》
信秀《のぶひで》
信長《のぶなが》

れていたことを平成二十三年（二〇一一年）十一月、福井県越前町教育委員会が発表した。墓石には正応三年（一二九〇年）二月十九日とあった。すると織田氏——平氏説が正しいとするなら親真は百年以上も長生きしたことになり（系譜では親真は五十四歳で亡くなったことになっている）、一気にこれまでの平氏説に疑惑の目が向けられたのである。

ほかの説として、信長が生前「藤原信長」を名乗ったことがあるところから藤原氏説、さらに越前国織田荘の劒《つるぎ》神社（通称・織田明神《おたみようじん》）はこの地方の豪族・伊部《いべ・いんべ》氏（忌部《いんべ》氏）の氏神《うじがみ》であったところから忌部氏説などがあがっているが、いずれも裏付ける史料が乏しく、決め手に欠くようだ。

## ▼足利氏の有力一門の傘下に入る

ただし、信長の先祖は織田荘の荘官を務めていた豪族であって、劒神社とも深い関係があったことは事実らしい。それを裏付けるのが、信長が越前の朝倉義景《あさくらよしかげ》を滅ぼした後、劒神社に対し手厚い保護を約束していたことだ。さらに、信長の家臣・柴田勝家《しばたかついえ》の書状にも「殿様（信長のこと）、御氏神、粗相仕《つかまつ》るべからず」とあり、信長自身、織田荘を一族誕生の地として認識していたことがよくわかる。

そんな越前の一豪族であった織田氏は、やがて越前守護・斯波《しば》氏に仕えるようになる。斯波氏は室町幕府将軍・足利氏の有力一門であり、畠山《はたけやま》氏・細川《ほそかわ》氏とともに管領《かんれい》（将軍の補佐役）を出す家柄、特に三管領筆頭の家柄として重んじられていた。当時の斯波氏は全国各地に支配地を持っていたが、応永七年（一四〇〇年）に尾張国（愛知県西部）の守護も兼ねると、織田氏も尾張に移住した。

その三年後、織田常松《じょうしょう》という人物が尾張守護代（文字通り守護の代官）に任ぜられ、以後、織田一族が代々守護代を継承するようになった。やがて応仁の乱が勃発すると、織田氏の主君である斯波氏は家督争いが原因で東軍・西軍に分かれて対立した。織田氏もまた「岩倉織田氏」（伊勢守《いせのかみ》系）と「清洲織田氏」（大和守《やまとのかみ》系）に分裂し、岩倉城を居城とする岩倉織田氏は尾張上四郡を、清洲城を本拠とする清洲織田氏は尾張下四郡を支配するという構図ができ上がってしまった。

### ▼信定、「経済力」を手に入れる

この大乱によって斯波氏は没落するが、一方で織田氏の中から突然、とある人物が頭角を現してくる。その人物こそ、清洲織田氏の一族とされる三奉行家（織田藤左衛門家、同因幡守《いなばのかみ》家、同弾正忠《だんじょうのじょう》家）の中の弾正忠家の織田信定《のぶさだ》、すなわち信長の祖父である。

信定は人一倍の野心家で、若いころから主家である清洲織田氏からの独立を狙っていたという。そんな信定が、思いきった行動に出たのは大永四年（一五二四年）のことだった。主家の制止を振り切り、かねて目をつけていた港町・津島をわがものとし、その近くに勝幡《しょばた》城を築いたのである。

津島は清洲の南西方に位置し、今でこそ内陸にある町だが、当時は木曽川の支流沿いにあった大きな港町で、川を下ればすぐ伊勢湾に出ることができた。鎌倉時代からこの地方の水運の拠点として栄えており、さらに津島神社の門前町としても繁栄を謳歌《おうか》していた。この時代には泉州・堺のように有力者（町衆）による自治権が認められていたのも大きな特色で、まぎれもなく尾張地方最大の商業都市であった。

信定は家来を集め、電光石火、町に火を放つなどしてこの津島を武力で制圧してしまったのである。信定もまた戦国乱世の申し子だった。津島を支配下に置いたことで経済力がつき、信定が息子の信秀《のぶひで》（信長の父）に家督を譲ったころには、主家

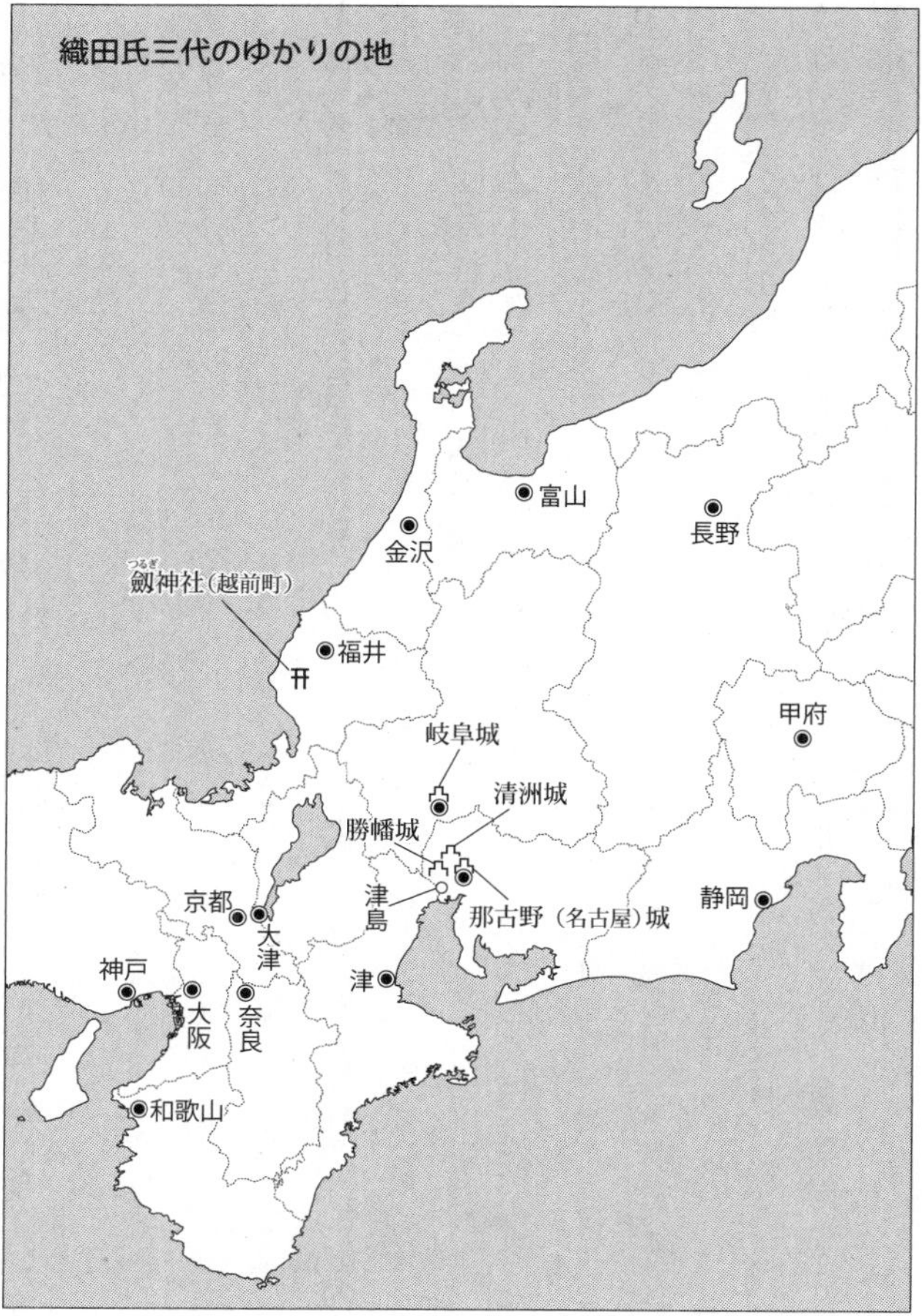
織田氏三代のゆかりの地
富山
長野
金沢
劔《つるぎ》神社(越前町)
福井
甲府
岐阜城
清洲城
勝幡城
津島
静岡
京都
大津
那古野（名古屋）城
神戸
津
大阪
奈良
和歌山

をもしのぐ勢力を誇っていたという。そして、その勢力をさらに盤石なものにしたのが、信秀の功績だった。

## ▼商工業の発展に尽力

織田信秀は永正八年（一五一一年）、信定の嫡男《ちゃくなん》として誕生した。十七歳で家督を相続している。信秀はその生涯を終えるまで一貫して主家・清洲織田家への臣従関係を維持しながらも、強大な周辺勢力（美濃の斎藤氏や駿河の今川氏）に対抗して一歩もひかず、領土を守り通した。

軍事面ばかりではなく、信秀は支配地の商工業を発展させることにも熱心だった。こうして蓄えた潤沢な経済力を生かして朝廷や室町幕府に対し破格の献金を行った結果、従五位下備後守《びんごのかみ》に任官されてもいる。中央との関係を築いておくことが、のちのちわが身のためになると計算が働いたのであろう。

この信秀、「尾張の虎」と呼ばれたくらいだから、なかなかの謀略家でもあった。それを裏付けるこんな逸話が伝わっている。尾張国那古野《なごや》にあった那古野城（名古屋城の前身）を奪い取ったときの話だ。

当時、この城は今川氏親《うじちか》の子の氏豊《うじとよ》（今川義元の弟）が守っていた。連歌好きの氏豊は対立関係にあったとはいえ同好の士である信秀を頻繁に招いては連歌の会を城中で催した。

天文元年（一五三二年）三月某日にも信秀は会に招待されている。このとき途中で信秀はいかにもつらそうな表情で気分が悪くなったと氏豊に申し出たため、氏豊は心配して城に泊まっていくように勧め、信秀の急変を勝幡に伝達する親切さもみせている。これが氏豊の一生の不覚だった。

## ▼信秀、四十二歳の若さで燃え尽きる

主《あるじ》の見舞いと称して那古野城に入ってきた信秀の家来数十人が、突然牙を剥《む》いて氏豊の家来に襲いかかったから堪らない。すっかり油断していたところだったので、城内は上を下への大混乱をきたし、氏豊は這這《ほうほう》の体《てい》で城外に脱出した。こうして信秀はほとんど味方の損害を出すことなく、那古野城を奪取することに成功したのである。

これにより信秀は那古野方面にまで勢力を伸ばすことに成功し、わけても宿場町

の熱田を手に入れたことで、津島に次ぐ経済的重要拠点が加わり、信秀の弾正忠家は財政が一層盤石なものとなった。

この那古野城奪取から二年後、信長が生まれている。そのときすでに信長の上には二人の兄がいたが、待望の正室の腹から誕生した男児だっただけに信秀の感激もひとしおだった。信秀は思わず「ますらお生まる！」と叫んだと伝わる。

その後、信秀は天文二十一年（一五五二年）、四十二歳で病死する。信長はこのとき十九歳。信秀の葬儀は織田家の菩提寺《ぼだいじ》・萬松寺《ばんしょうじ》で執り行われた。葬儀のさなか、信長は父の位牌に向かって抹香を投げつけるという暴挙に出ている。信長にすれば、父がこれほど早く亡くなったことが、許せなかったのだ。おそらくこのときの信長は、人の運命のはかなさを呪い、自分だけでも人生を一瞬も無駄にすることなく、燃え尽きるまで思う存分好きに生きてやろうと胸に誓ったに違いない。

### ▼経済力が一族発展のカギ

家督を継いだのちの信長だが、彼にとっては主家に当たる清洲織田氏を断絶に追い込むと、ついで尾張半国を支配する岩倉織田氏をも滅ぼし、尾張全土を統一する。

こうして信長は織田一族の庶流から出て、晴れて一族の盟主の座に駆け上がったのである。それは永禄二年（一五五九年）、信長二十六歳のときで、桶狭間《おけはざま》の戦いの一年前のことだった。

◇

ここまでみてくると、この織田三代に共通していることがあるのに気付く。それは、当時の戦国武将には珍しく、そろいもそろって経済や商工業を重要視した点だ。彼らは一族の勢力拡大をはかるためには、なにを差し置いても経済力を増強させることが肝要であると考えていたのだ。

信定と信秀が真っ先に津島や熱田を支配下においたことがなによりの証《あかし》である。父祖二代のこの経済政策重視の考え方はそのまま信長に受け継がれた。信長が戦国武将の中でもいち早く楽市楽座を導入したのがその典型だ。また、信長軍の幟《のぼり》には永楽銭が描かれていたという事実からも信長が経済を重要視していたことがよくわかる。

信長は、父祖の治政を身近に感じながら成長し、そしてそれを自分なりに発展させたからこそ、天下統一事業に突き進むことができたのである。

# 西国の雄・島津氏の存続の危機を救った中興の祖の存在

▼鎌倉以来、南九州で七百年間も君臨

戦国時代、九州を代表する大名といえば、いの一番に薩摩《さつま》の島津《しまづ》氏の名前があがる。島津氏は鎌倉幕府の有力御家人を振り出しに、薩摩・大隅《おおすみ》・日向《ひゅうが》三国の守護から守護大名、さらには戦国大名へと発展を遂《と》げ、「島津四兄弟」が活躍した全盛期の戦国末期には九州全域をほぼ勢力下に置くほどであった。

江戸時代に入ると、西国の雄藩であった薩摩藩は、徳川将軍家と閨閥《けいばつ》関係を結んだことで外様でありながら特別な存在感を示し続けた。幕末になると、名君とうたわれた開明家の藩主・島津斉彬《なりあきら》が登場、近代化を推し進めたが、そのことが倒幕&明治維新の原動力となったのはご存じのとおり。

明治維新は、斉彬の甥《おい》で斉彬の養嗣子《ようしし》となった島津茂久《もちひさ》（維新後は忠義《ただよし》に改名）の代で迎えている。茂久は島津氏の初代・島津忠久《ただひさ》から数えて二十九代目の当主である。つまり、島津氏は鎌倉以来、江戸幕末に至るまで七百年近くも南九州に君臨し続けたことになる。日本の歴史上、島津氏に匹敵するくらい同じ場所で大名として長く存続できた氏族は、わずかに陸奥相馬《むつそうま》氏くらいである。

その七百年間というもの、島津氏にも存続が危ぶまれる窮地が何度もあった。最も大きな事件は関ヶ原の戦いで徳川家康《とくがわいえやす》に反旗を翻《ひるがえ》したときのことだが、このあたりの経緯は語り尽くされているため、本稿では戦国時代のまっただ中に登場した島津忠良《ただよし》（日新斎《じっしんさい》）の活躍について語ってみたい。この忠良がいなければ島津氏は戦国期に途絶えていた可能性もあったという。それは一体どういうことだろうか。

### ▼源頼朝の御落胤説も

本題に入る前に、島津氏一族のことを知るうえで必要と思われるので、初代の島津忠久から戦国期に島津忠良が登場するまでを簡単に述べておきたい。

「鎌倉以来の名家」と言われる島津氏のルーツをたどると、土佐の長宗我部《ちょうそかべ》氏などと同様、渡来人の秦氏《はた》に行き着くという。島津忠久の出自《しゅつじ》は未詳だが、実父としては摂関家《せっかん》（藤原北家《ふじわらほっけ》）に仕《つか》えた京侍の惟宗忠康《これむねのただやす》という人物が有力視されている。忠久は幼いころに忠康の一族で中級官僚であり有名な歌人でもあった惟宗広言《ひろこと》の養子となり、そこで成長した。

島津氏の正史である『島津国史』や『島津氏正統系図』によると、忠久の父は鎌倉幕府を開いた源頼朝《みなもとのよりとも》で母は頼朝の側室・丹後局《たんごのつぼね》だという。しかし、この話は証拠に乏しく、ほとんどの史家の間で否定されている。

忠久は、源頼朝が「治承《じしょう》・寿永《じゅえい》の乱」を契機に台頭してくると、母が頼朝の乳母（比企尼《ひきのあま》）の娘だった縁で頼朝に重用されるようになる。文治元年（一一八五年）には、頼朝の推挙により摂関家領・島津荘《しまづのしょう》の管理を任され、さらにその後、惣地頭《そうじとう》を経て、薩摩・大隅・日向三国の守護職に任じられている。このころ姓をそれまでの惟宗から島津に改めたらしい。まさに破格の出世だった。頼朝の御落胤《ごらくいん》説が生まれたのも無理のないことだろう。

二代島津忠時《ただとき》は嘉禄《かろく》三年（一二二七年）、父・忠久の死により家督を継いだ。他の有力御家人同様、在国はせず鎌倉に在住して幕政で重きを成した。三代島津久経《ひさつね》も鎌倉に在住して幕政を支えたが、元寇《げんこう》（蒙古襲来《もうこしゅうらい》）を機に下向して以来、一族の在地化が本格化した。

▼応仁の乱によって内紛が再燃

二度目の元寇——弘安の役《えき》（一二八一年）では、島津久経は子の忠宗《ただむね》とともに元《げん》・高麗《こうらい》・南宋《なんそう》連合軍との戦闘に参加し、そこで武功をあげている。その後四代島津忠宗は九州における鎌倉幕府の出先機関である鎮西探題《ちんぜいたんだい》に出仕する一方で、薩摩の出水《いずみ》に自身の居館を構え、そこを本拠地と定めた。忠宗は正中《しょうちゅう》二年（一三二五年）に亡くなるのだが、島津氏としては初めて薩摩の地で没した領主となった。

五代島津貞久《さだひさ》の代で鎌倉幕府の勢力が衰え始めると、貞久は後醍醐《ごだいご》天皇の倒幕運動に加わった。のち後醍醐に離反した足利尊氏《あしかがたかうじ》に協力したことから室町幕府誕生時には島津氏は九州でも指折りの大大名となっていた。

しかし、屋台骨が大きくなると、内紛が起こりやすくなるのが世の常。島津氏も例外ではなかった。八代島津久豊《ひさとよ》が登場してどうにかその内紛を鎮静化し、次の九代島津忠国《ただくに》の代まで比較的安定した治世が続くのだが、十代島津立久《たつひさ》のときに

「応仁《おうにん》の乱」が勃発《ぼっぱつ》、中央から最も遠い島津氏も、否も応もなくその争乱に巻き込まれ、またぞろ内紛が頭をもたげ始めたのである。

### ▼分家の島津実久が家督を狙う

十一代島津忠昌《ただまさ》の代になると、忠昌は学問好きで政治に関心が薄かったこともあり、領国内のあちらこちらで分家や国人衆が本宗家《ほんそうけ》（薩摩守護家）と呼ばれた島津本家に反抗する姿勢を見せ、内紛はいよいよ激化した。忠昌は対応に苦慮したあげく、永正五年（一五〇八年）、自害を遂げてしまう。

その後、忠昌の嫡男忠治《ただはる》が十二代、二男忠隆《ただたか》が十三代の座についたが、忠治は二十七歳で、忠隆も家督を継いでわずか四年目に二十三歳で病死した。そこで忠昌の三男・勝久《かつひさ》が十四代目を継いだのだが、このころには坂道を転げ落ちる島津本宗家の凋落《ちょうらく》に歯止めはきかなくなっていた。

この勝久の代では、本宗家の分家に当たる伊作家《いざくけ》（拠点は現在の日置《ひおき》市）の島津忠良と、同じく分家の薩州家《さつしゅうけ》（同・出水市）の島津実久《さねひさ》が台頭していた。勝久はその二人のうちから、実久の姉を妻に迎えていた関係で実久に頭を下げ支援を要請

**■島津氏略系図**　（○数字は歴代当主）

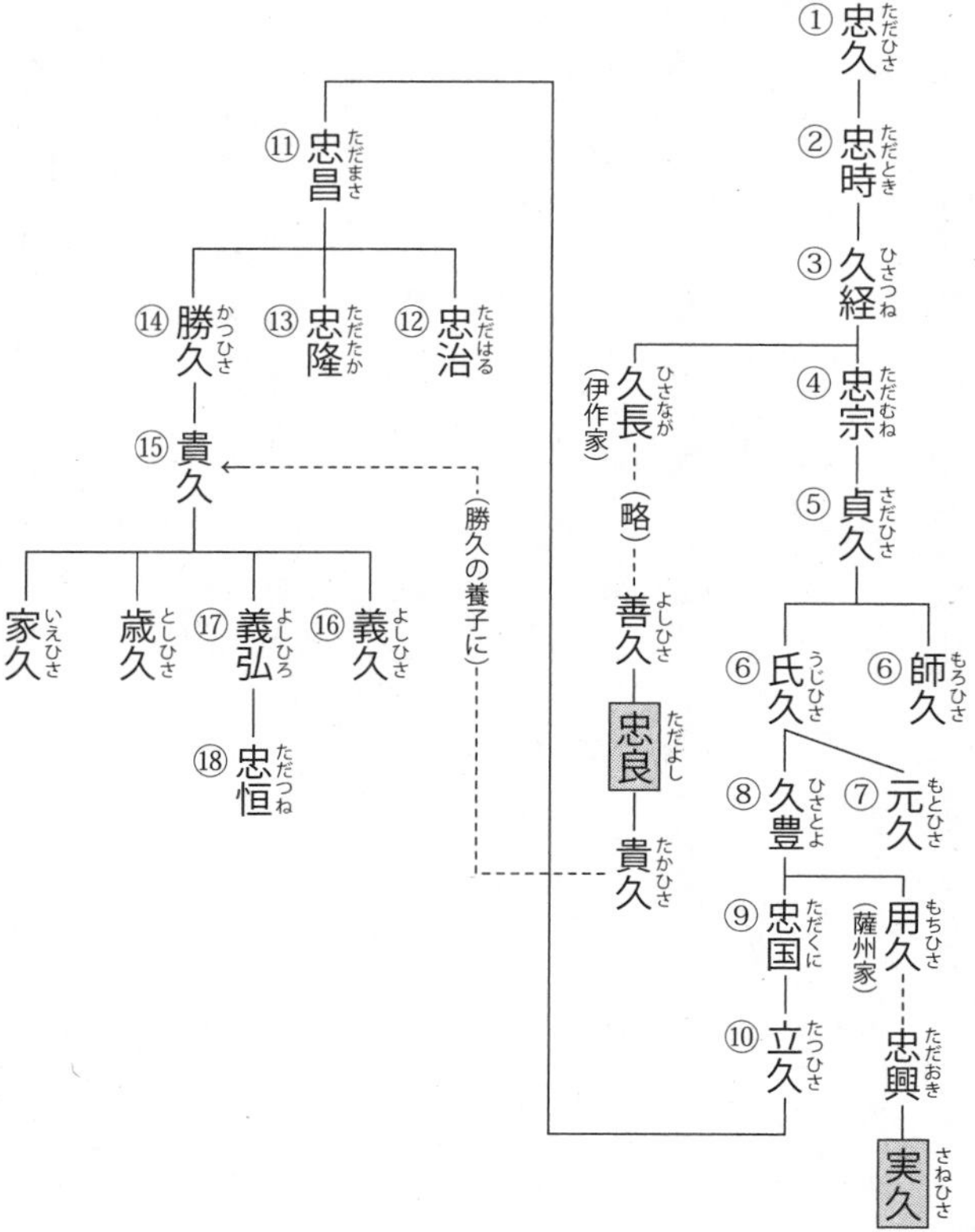

した。こうして、いったんは本宗家の勢力を盛り返すことに成功するのだが、支援を頼んだ相手がいけなかった。

実久はそれまで隠していた権勢欲をあからさまに言動に出すようになり、あげくには男子がいなかった勝久に対し、自分を世子《せいし》にするよう迫る始末だった。勝久は実久の本性を知って恐ろしくなり、伊作家の忠良に助けを求めた。

### ▼英明の誉れ高い忠良・貴久父子

伊作家は、たくさんあった島津氏の分家の一つで、忠良はこの伊作家の跡取りとして明応元年（一四九二年）に生まれた。三歳で父・善久《よしひさ》を、七歳で一家の大黒柱であった祖父・久逸《ひさやす》を喪《うしな》うなど幼少期の忠良は肉親との縁が薄かった。七歳から十五歳まで、伊作郷にあった真言宗海蔵院《かいぞういん》の名僧・頼増《らいぞう》に預けられている。

忠良は十五歳で元服すると、島津伊作家を継いで第十代当主となる。二十歳を過ぎると相州島津家（拠点は現在の南さつま市）も相続し、伊作と相州二つの分家の当主となった。忠良は町を整備し産業を興す一方、学問も大いに奨励《しょうれい》した。まだ若かったが、徳を備えた名君としてその名が領内外にとどろいたという。

永正十一年（一五一四年）、忠良二十三歳のとき、長男貴久《たかひさ》（幼名・虎寿丸《とらじゅまる》）が誕生する。貴久はのちに「島津の英主」と称えられるだけあって、父・忠良の聡明さを受け継いでいた。

島津勝久は薩州家の実久の横暴が目に余るようになると、この英明の誉れ高い忠良・貴久父子《おやこ》を頼った。大永六年（一五二六年）、勝久は元服した貴久に守護職を譲ると発表し、忠良にその後見を依頼すると、自らは伊作に隠居してしまう。こうして忠良・貴久父子と島津実久による十年以上に及ぶ抗争が幕を開けたのである。

## ▼実久、忠良に降伏し出水に隠棲

大永七年六月、勝久と貴久との養子縁組に公然と異を唱えた実久は、自分に味方する勢力を集めて蜂起《ほうき》した。これに対し、忠良はただちに自ら軍勢を率いて反乱軍を鎮圧《ちんあつ》する。忠良という人は領民を思いやるだけの仁君一辺倒ではなく、戦《いくさ》の采配《さいはい》にも長《た》けた武将であったことがこれで明らかである。

天文二年（一五三三年）三月、実久方に回った日置南郷城主・桑波田栄景《くわばたひでかげ》を攻めた際も、忠良は見事な計略を成功させていた。まず、盲僧《もうそう》を間者《かんじゃ》（スパイ）として相手方に送り込んで情報を収集し、栄景が狩猟に出たことを知ると、その隙《すき》を衝《つ》いて一気に南郷城を陥落させたのであった。城内に突入する際、忠良方の兵士が猟師の恰好をして敵を信用させ、城門を開けさせたと伝わる。

天文六年五月、忠良は敗色が濃厚になってきた実久に対し、「以後は水魚の交《まじ》わりをなさん」と停戦を呼びかけるが、実久はこれを拒否。そこで仕方なく忠良・貴久父子は、翌七年に加世田《かせだ》城を攻め落とし、次の年には谷山紫《むらさきばる》原の戦いにおいて薩州家の谷山本城・苦辛《くらら》城・神前《しんぜん》城（玉林《ぎょくりん》城とも）などを陥落させる。ここに至り、ついに実久は降伏し、出水に隠棲《いんせい》した。

忠良にすれば実久を抹殺するのはたやすいことだったが、それはしなかった。このあたりも、忠良が仁君と称えられる所以《ゆえん》である。

## ▼「いろは歌」に託した忠良の思い

こうして薩摩・大隅・日向の三国をほぼ平定することに成功した忠良・貴久父子。天文十九年（一五五〇年）には貴久が島津本宗家の本貫地《ほんがんち》である鹿児島に入城すると、それにあわせて忠良は加世田に隠居した。五十九歳のときである。

隠居したといっても忠良は政治にかかわり続け、家臣団の整備や琉球を通じての対明《たいみん》貿易などに力を尽くしている。享年七十七。深く禅宗に帰依《きえ》した忠良は儒教的な心構えを基礎とした自らの教育論や人生訓を青少年に伝え残すことにも熱心で、それらをわかりやすく四十七首の歌に託している。有名な「島津いろは歌」である。

二つほど紹介しよう。

い＝いにしへの道を聞きても唱《とな》へても　わが行《おこない》に　せずばかひなし（昔の賢者の教えや学問も唱えるだけでは意味がない。実践、実行することこそ肝要である）

ほ＝仏神他にましまさず人よりも　心に恥よ　天地よく知る（神仏はどこにでもいるものではない。自分の中にいるのだ。恥ずべき行動をしたら、自分の良心に恥じよ。世間は欺《あざむ》けても自分の心は欺けない）

――のちにこの「島津いろは歌」は、薩摩藩士における地域ごとの青少年教育システム（「郷中《ごじゅう》教育」と呼ばれた）の柱石となった。

### ▼明治維新の立役者にも影響を与える

忠良の「島津いろは歌」の精神は、十五代貴久を経て孫の四兄弟（義久《よしひさ》・義弘《よしひろ》・

歳久《としひさ》・家久《いえひさ》）にもしっかり受け継がれた。この十六代義久を筆頭とする四兄弟はそろいもそろって知勇兼備の出来物《できぶつ》であった。ちなみに関ヶ原の戦いにおいて玉砕《ぎょくさい》覚悟の退却戦（通称・島津の退《の》き口）を成功させ勇名をとどろかせたのは、十七代義弘（惟新公《いしんこう》）である。郷中教育を始めたのもこの義弘だとされている。

「島津いろは歌」の作者である島津忠良は今日、跡継ぎをめぐる内紛によって崩壊しかけた島津家を立て直し、さらにまた、のちに薩摩独特の士風や文化として代々継承されていくことになる郷中教育の規範を生み出したことなどが評価され、鹿児島県人の間では「島津氏中興の祖」と称えられている。

この忠良の思想が基になって生まれた郷中教育は江戸期にも連綿と受け継がれた。幕末に至り、明治維新の立役者となる西郷隆盛《さいごうたかもり》や大久保利通《おおくぼとしみち》らの人格形成にも大きな影響を与えたことは間違いないと言われている。

# 一族の結束力を強めるため、毛利元就が取った〝妙案〟

▼三人の息子に説いた「三矢の訓え」

毛利《もうり》氏といえば、戦国史ファンの間では一代で中国地方八カ国を征服した毛利元就《もとなり》が有名だ。晩年期に入り、三人の息子たちに一致協力して毛利宗家《そうけ》を末永く盛り立てていくようにと諭《さと》した通称「三矢《さんし》の訓《おし》え」でもよく知られた人物である。

江戸時代に入り徳川《とくがわ》氏の外様大名となった毛利氏は、それまでの安芸《あき》広島から長州萩に国替えを命じられ、江戸幕府が瓦解《がかい》するまで長州藩の藩主として存続した。初代長州藩主・毛利輝元《てるもと》（元就の嫡孫《ちゃくそん》）から幕末期に登場した毛利敬親《たかちか》まで十四人の殿さまがいる。

一族のルーツをたどれば平安時代の末期に始まるといわれる毛利氏を、歴史の表舞台に押し上げた立役者こそ、言うまでもなく毛利元就だが、それ以前の毛利氏はいったいどんな歴史を刻んできたのであろうか。その知られざる足跡を追いながら、毛利氏を一地方豪族から大大名にまで押し上げた元就の一族掌握術に迫った。

## ▼毛利氏の初代は大江季光

毛利氏の祖とされるのが、鎌倉幕府を開いた源頼朝《みなもとのよりとも》の側近の大江広元《おおえのひろもと》である。広元ははじめ朝廷に仕える下級貴族だったが、若いころから秀才ぶりを発揮し学問や法律に明るかった。

その才能を頼朝に見込まれ、鎌倉に招かれた広元は公文所《くもんじょ》（のちの政所《まんどころ》）初代別当として幕府創設に多大な貢献を果たす。地方支配を強めるための方策として、優秀な家来を諸国に派遣して統治させる「守護・地頭体制」の導入を頼朝に献策したのも広元だといわれている。

そうした功績により、広元は相模《さがみ》国毛利荘《もうりのしょう》（現在の神奈川県厚木市のあたり）を頼朝から賜《たまわ》る。のちに広元からその毛利荘を譲られたのが四男季光《すえみつ》で、季光はそこで「毛利氏」を名乗って土着した。つまり、この季光が毛利氏の初代ということに

## ■毛利氏略系図

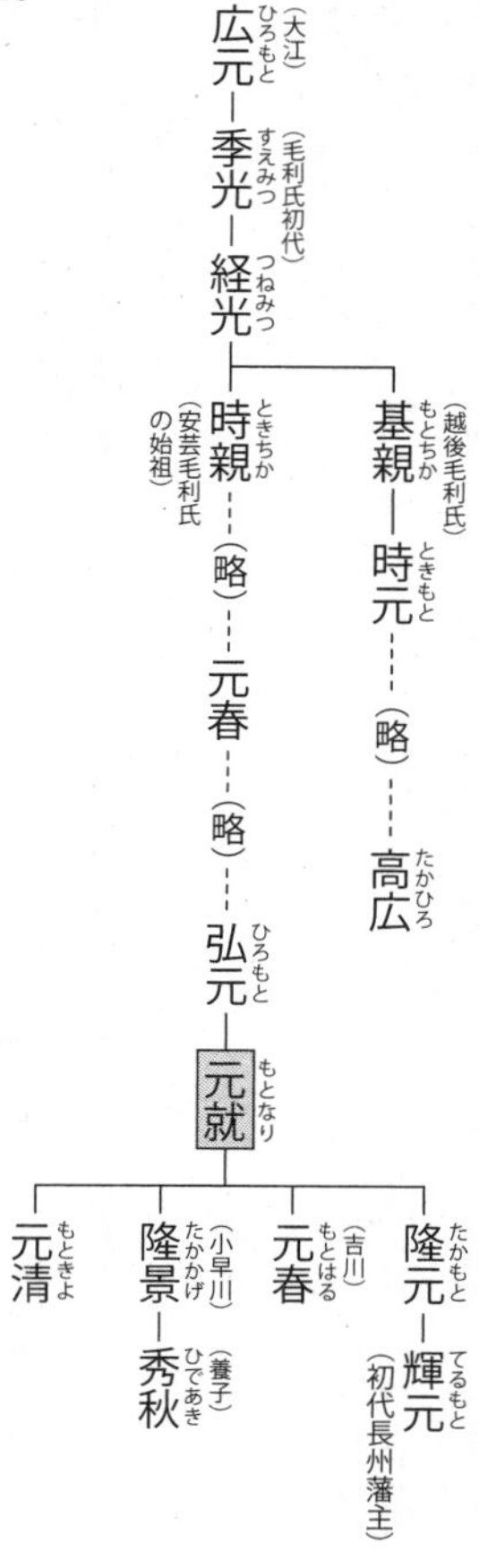
広元《ひろもと》
(大江)
季光《すえみつ》
(毛利氏初代)
経光《つねみつ》
時親《ときちか》
(安芸毛利氏の始祖)
(略)
元春
(略)
弘元《ひろもと》
元就《もとなり》
基親《もとちか》
(越後毛利氏)
時元《ときもと》
(略)
高広《たかひろ》
元清《もときよ》
隆景《たかかげ》
(小早川)
秀秋《ひであき》
(養子)
元春《もとはる》
(吉川)
隆元《たかもと》
輝元《てるもと》
(初代長州藩主)

なる。季光という人は性格が荒々しく、京都貴族のような暮らしを好んだほかの兄弟たちとは異なり、武将としての性格を強めていった。

季光は、後鳥羽《ごとば》上皇が鎌倉幕府執権《しっけん》の北条義時《ほうじょうよしとき》に対し討伐《とうばつ》の兵を挙げた「承久《じょうきゅう》の乱」（承久三年＝一二二一年）で戦功があり、安芸国吉田（広島県安芸高田市）と越後国佐橋（新潟県柏崎市）の両荘の地頭職を与えられ、さらにその後、時の執権泰時《やすとき》から関東評定衆《ひょうじょうしゅう》に任命されるという栄誉に浴している。

ところが、季光の絶頂期は長続きしなかった。

▼毛利の血脈が途絶えかける

宝治《ほうじ》元年（一二四七年）、鎌倉幕府では有力御家人だった三浦泰村《みうらやすむら》が、執権北条時頼《ときより》に対し兵を挙げた。世にいう「宝治合戦」である。このとき毛利季光は悩んだあげく三浦方に加担した。なぜ悩んだかといえば、季光の妻は三浦氏の出であり、季光の娘は時頼夫人の座に収まっていたからである。

最初、季光は北条方に味方する考えだった。ところが、気の強い妻からかき口説かれ、しぶしぶ三浦方に加わったのだが、これが誤算だった。北条方が仕掛けた奇襲戦によって三浦方は敗北。毛利季光を含む三浦一族五百人余は、源頼朝の影像を祀《まつ》った法華堂《ほっけどう》に逃げ込み、その中で全員、壮絶な自刃《じじん》を遂げたのである。

これで毛利氏の血脈は途絶えてしまったかのように見えたが、実はそうではなかった。季光の四男に経光《つねみつ》という人物がいて、彼は合戦時、所領を視察するため越後佐橋荘に出向いていたのだが、このたびの謀叛《むほん》にはまったくかかわっていなかったことが認められ、相模国毛利荘は没収されたものの佐橋と安芸国吉田の両荘はそのまま統治を許されたのである。

そこで経光は越後の佐橋荘に本拠を置き、安芸の吉田荘には一族の者を代官として派遣し統治させた。そのうち長男基親《もとちか》に佐橋荘北条を、二男時親《ときちか》に佐橋荘の残り（南条）と吉田荘を相続させている。

その後、時親は本拠を越後から安芸に移すのだが、基親のほうは越後に残り、その系統は北条氏や安田氏を名乗り、のちに上杉謙信の配下で活躍することになる。

### ▼一族発展の礎を築いた毛利元春

毛利時親が本拠を安芸に移したのは建武《けんむ》三年（一三三六年）のことだという。つまり、この時親こそが安芸毛利氏の始祖ということになる。

その数年前に鎌倉幕府が崩壊し南北朝の動乱期に入ったことで、米栽培に恵まれていた吉田荘をこれまで通り遠く離れた越後から統治することに不安を覚え、本拠を移すという一大決心をしたものと考えられている。

吉田荘に根を下ろした毛利一族はしばらく内訌《ないこう》（うちわもめ）を繰り返したが、時親の曾孫元春《もとはる》が登場すると、元春は一族を糾合《きゅうごう》し吉田盆地一帯に勢力を張ることに成功する。まさに元春こそは安芸毛利氏発展の礎《いしずえ》を築いた人物なのだ。

のちに元春は、一族の繁栄を願って八カ条からなる書き置きをしていた。その中には例えば、「山や川は共有地とすること」「領内にどんな無礼者がいても、咎《とが》めだてして腹を立てさせないこと」――などとあり、元春がいかに一族の和平を保つことに腐心していたか、この書き置きからもわかろうというものである。

その後、室町後期になると、安芸国は東から出雲《いずも》の尼子《あまご》氏、西からは周防《すおう》山口の大内《おおうち》氏という強大な両勢力の板挟みとなる。毛利氏をはじめとする弱小の安芸の国人領主たちは、大内氏から尼子氏、そして再び大内氏に靡《なび》くといった具合で、波間に漂う木の葉のごとく翻弄《ほんろう》されていくことになる。

そんな状況下に、あの傑物が登場したのである。

▼七十歳で中国地方八カ国を支配

毛利元就が家督を相続したのは、大永三年（一五二三年）、二十七歳のときだ。若くして謀略戦に長《た》けていた元就は戦乱の中で存在感を徐々に発揮し、四十歳ごろには安芸の国人領主連合の盟主に成り上がる。

やがて、そんな元就に決定的な飛躍の契機が巡ってくる。大内氏の重臣であった陶晴賢《すえはるかた》が謀叛によって主家を奪取するという大事件が起こったのだ。天文二十年（一五五一年）、元就五十五歳のときだ。元就はその混乱に乗じてそれまで従属していた大内氏からの自立を果たす。余勢を駆った元就は、「厳島《いつくしま》の戦い」（天文二十四年）において陶晴賢を破ると、その二年後には大内氏を滅亡させた。こうして毛利氏は尼子氏と肩を並べる西国の有力大名にのし上がったのである。

さらに、永禄三年（一五六〇年）に尼子晴久《はるひさ》が死去すると、元就は出雲侵攻を本格化させた。永禄九年にはついに尼子氏を降伏に追い込み、一代にして中国地方八カ国（安芸、備後《びんご》、周防、長門《ながと》、石見《いわみ》、出雲、伯耆《ほうき》、隠岐《おき》）を支配する大大名となる。それは亡くなる五年前の七十歳のときであった。

ところで、元就がいかに謀略戦に秀《ひい》でていたとはいえ、なぜわずか一代でこれほどの一族の繁栄を築くことができたのであろうか。元就の快進撃を支えたその裏に、元就が考案した「毛利両川《りょうせん》」と呼ばれる、軍事・政治体制があったことはあまり知られていない。それは一体どんなものだったのだろうか。

▼他家へ養子に出した息子たちが宗家を輔佐

元就の四十代のころというのは、安芸の国人領主連合の盟主的な立場にあったとはいえ、その他の国人領主たちとほぼ横並びで、無条件でほかの領主を慴伏《しょうふく》(おそれひれふすこと)させるだけの政治力や軍事力を備えていたわけではない。

そこで元就は、自分亡きあとの毛利一族の繁栄を考え、ある妙案を思いつく。それは、わが子(男児)を有力な他家へ養子に出して家督を相続させ、一族の仲間入りをしたそれらの家に宗家を輔佐《ほさ》させようと考えたのである。

この考えを実行に移すべき、元就はさっそく動いた。まず二男元春《もとはる》(先述した安芸毛利氏発展の礎を築いた毛利元春とはむろん別人)を、母方の従兄《いとこ》の吉川興経《きっかわおきつね》の養子に送り込む。吉川氏は藤原南家の流れをくむ山陰の名門で、精強な兵を擁することで知られていた。当時、興経と家臣団との間で確執《かくしつ》があり、そこにつけこんで元就がこの養子縁組をまとめたのである。さらに、三男隆景《たかかげ》を、瀬戸内に強力な水軍を持つ小早川《こばやかわ》氏と養子縁組させることにも成功する。

戦国史に残る奇襲戦「厳島の戦い」であれほど鮮やかな勝利をつかむことができたのは、毛利方にこの吉川と小早川、両川の兵力があってこそといわれている。

吉川元春と小早川隆景の兄弟はその後も宗家当主で長兄の毛利隆元《たかもと》を支え、さらに隆元が四十一で早世すると、その嫡男でまだ十代半ばと若い新当主・輝元をことあるごとに輔佐した。毛利一族の繁栄のために元就が考え出した「毛利両川」体制は見事に功を奏したわけである。

▼小早川隆景と養子縁組した人物とは

身内を増やして一族の結束力を強め、結果的に本宗家をより盤石なものにするという、この元就の妙案をのちにそっくり盗用した戦国武将がいる。天下統一を果たしたあとの豊臣秀吉《とよとみひでよし》である。秀吉の場合、他家へ養子に出す男児がいなかったため、豊臣姓や自分の名前の一字「秀」を大名の子息などにどんどん与えた。あの家康さえも一時「豊臣家康」を名乗ったことがあるという。

「秀」の一字をもらった武将には、結城《ゆうき》秀康《ひでやす》（徳川家康《とくがわいえやす》の二男）、徳川秀忠《ひでただ》（同三男）、宇喜多《うきた》秀家《ひでいえ》、毛利秀元《ひでもと》、伊達秀宗《ひでむね》などがいる。もはや乱発といってもよいくらいだ。秀吉の出自は、名もない流浪の民だっただけに、身内に有力な武家が一切いなかった。そこで、自分の名前を与えることで相手に主従関係をはっきりわからせ、同時に身内意識をもってもらいたいという意図があったようである。

先に、秀吉には他家へ養子に出す男児はいなかったと述べたが、それはあくまでわが子に限ったこと。身内を見回すと豊臣秀俊《ひでとし》がいた。秀吉の正室・高台院の甥《おい》である。秀俊は秀吉のはからいで毛利氏一族の小早川隆景と養子縁組を行った人物。のちに秀俊は小早川秀秋《ひであき》と名を変え、「関ヶ原の戦い」では徳川家康の東軍に寝返り、豊臣や毛利の家運を大いに傾かせた張本人としてつとに有名だ。

自分が考案した、身内を他家へ養子に出して、やがてその家を乗っ取るという妙案が、最悪の形でわが身に跳ね返ってこようとは、さすがの元就も知る由はなかったはずである。

# 3 系図でひもとく日本史の主役たち

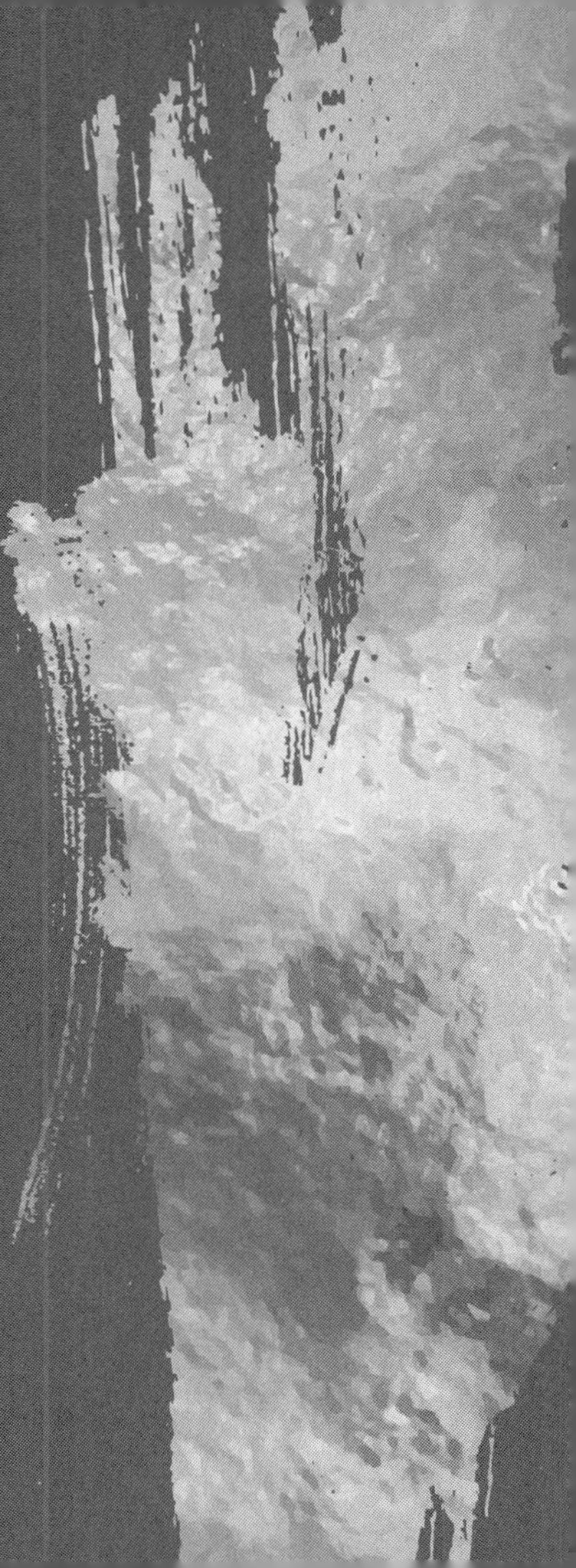

# 絶大な権力を誇った古代大伴氏がやがて没落するまで

▼天皇家の側近として

海行かば　水漬《みづ》く屍《かばね》　山行かば　草生《む》す屍
大皇《おおきみ》の辺《へ》にこそ死なめ　かへり見はせじ

奈良時代の歌人、大伴家持《おおとものやかもち》がつくった長歌の一節である。天皇に対する燃えるような忠誠心をこめた歌として名高い。近代になってこの歌が、軍当局によって天皇賛美の目的で利用されたのはご存じのとおり。

それはともかく、本稿ではこの家持を出した大伴一族の興亡の歴史にスポットを当てた。日本史上、数多《あまた》登場した氏族のなかで、古代大伴氏ほどジェットコースターに乗ったように栄枯盛衰《えいこせいすい》を繰り返した一族も珍しい。天皇家の側近として絶大な権力を握ったかと思えば、あしたには政争に巻き込まれて没落寸前にまで追い込まれ、そしてまた不死鳥のように政界に返り咲くという浮き沈みを何度も繰り返しているのである。

以下では、そのあたりの大伴氏の栄枯盛衰をたどるとともに、大伴氏の没落を決定づけた「応天門《おうてんもん》の変」の真相にも迫ってみたいと思う。

## ▼大伴氏飛躍の礎を築いた室屋

大伴氏の祖は、天孫降臨《てんそんこうりん》の際に先導役を買って出た天忍日命《あまのおしひのみこと》とされている。その天忍日命の子孫から、神武《じんむ》天皇の東征《とうせい》でこれまた道案内をつとめた道臣命《みちのおみのみこと》が出ており、大伴氏の遠祖は天皇の忠実な「御伴《おとも》」であったことがわかる。その後大伴氏は、物部《もののべ》氏と共に朝廷の軍事を管掌《かんしょう》し、国軍的な物部氏に対して大伴氏は天皇を護衛する親衛隊的な役割を担っていたと考えられている。

大伴氏の最初の実在人物とされているのが、道臣命から数えて十一代目の大伴室《むろ》屋《や》である。この室屋は十九代允恭《いんぎょう》天皇から二十三代顕宗《けんぞう》天皇まで五代の天皇に大《おお》連《むらじ》（大和政権では大臣《おおおみ》と並ぶ執政者）として仕《つか》え、大伴氏飛躍の基盤を築いた人物である。室屋が亡くなると一時大伴氏は衰退したが、室屋の孫大伴金村《かなむら》が登場すると金村は大連の地位を得て、再び大伴氏は政権の座に返り咲く。

金村は内政や外交に辣腕《らつわん》をふるったが、やがて政敵の物部尾輿《おこし》によって失脚させられてしまう。引き金になったのは外交政策だった。当時、朝鮮半島南部にあり、大和政権とかかわりが深かった任那《みまな》が、新羅《しらぎ》によって併合《へいごう》されるという事件が起きる（五四〇年）。この任那の滅亡は金村の外交政策の失敗が招いたものだと尾輿から糾弾《きゅうだん》され、金村は政権の座を追われることになる。金村は隠居し、大伴氏は一転、衰退の道をたどることになった。

### ▼一族の期待を背負って登場

その後、大伴氏は大化の改新後の壬申《じんしん》の乱（六七二年）において復活する。この争乱では、金村の孫（曾孫《ひまご》説も）に当たる大伴吹負《ふけい》が、大海人皇子《おおあまのみこ》（のちの天武《てんむ》天皇）に味方し、それまで戦況が不利だった大海人側に逆転勝利を呼び込む大活躍を見せる。その功によって、以来、大伴氏は代々朝廷において重きをなすようになる。

たとえば、吹負の甥《おい》の大伴御行《みゆき》・安麻呂《やすまろ》兄弟をはじめ、安麻呂の子大伴旅人《たびと》もまた大納言にまで昇って権勢をふるった。

ところが、橘奈良麻呂《たちばなのならまろ》の乱（七五七年）が起こると大伴一族は連座し、古麻呂《こまろ》や古慈斐《こしび》など主だった人々は獄死したり流罪に処されたりした。前出の大伴家持も、このときは少納言に任ぜられ兵部省の次官を務めていたが、嫌疑をかけられ地方官に左遷《させん》させられている。さらに家持は七六四年、藤原仲麻呂《ふじわらのなかまろ》の暗殺計画にかかわっていたと疑われ、九州に左遷させられたりもしている。

その後、大伴氏は七八五年の藤原種継《たねつぐ》暗殺事件を首謀したとして古麻呂の子継人《つぐひと》らが処罰され、いよいよ一族は政治の表舞台から消えかかるが、平安時代初期となり、大伴一族の期待を一身に背負った人物が一族の中から登場する。継人の孫伴《ともの》善男《よしお》である（このころ一族は大伴から伴に改姓している）。

## ▼応天門、夜空を焦がして焼失

学才があった善男は、皇太子時代の仁明《にんみょう》天皇（五十四代）の知遇を得て、八四八年、三十七歳のとき参議に昇り、公卿《くぎょう》に列した。三十一歳でようやく正六位上の官職にありついてから異例のスピード出世だった。その二年後に仁明天皇は崩御《ほうぎょ》するが、今度は政界の実力者、藤原良房《ふじわらのよしふさ》（人臣初の太政大臣《だじょう》、藤原一門繁栄の礎《いしずえ》を築く）に引き立てられ、八六四年にはついに大納言《だいなごん》に任じられる。

大伴一族にとって大納言就任は旅人以来の百三十数年ぶりの出来事であった。一族の者は皆、これで再び這《は》い上がれると喜んだのもつかの間、一族はまたも奈落の底へと突き落とされてしまう。それこそが、貞観《じょうがん》八年（八六六年）に起こった応天門の変である。

その年の閏《うるう》三月十日、国家的儀式が執《と》り行われる朝堂院《ちょうどういん》正門の応天門から突如として夜空を焦がす火の手があがり、門は焼失してしまう。太政大臣藤原良房は当初から放火であると決めつけ、犯人の探索を命じた。そして最初に容疑者として浮上したのが、嵯峨源氏《さがげんじ》の左大臣源信《みなもとのまこと》であった。

▼放火犯であることを自白する

このとき源信が放火犯であると右大臣藤原良相《よしみ》（良房の弟）に告発した人物こそ、伴善男だった。応天門は伴一族が造営したものだっただけに、かねてより自分と不仲だった源信が嫌がらせの意味でやったことに違いないと訴え出たのである。

このころの朝廷は、藤原良房を筆頭としてその弟良相、源信や源融《とおる》などの嵯峨源氏、そして伴善男という四つの勢力があり、それぞれが自分以外の勢力を追い落としてやろうと隙《すき》をうかがっていた。こうした状況下、この応天門炎上事件を好機ととらえ、最初に動いたのが伴善男だった。

ところが、このときは最高実力者の藤原良房が源信の味方に回り、信は逮捕を免れている。その後八月に入ると、真の放火の首謀者は伴善男とその息子中庸《なかつね》であると訴えて出る者があり、その告発に従って伴父子《おやこ》は逮捕されてしまう。

伴父子は身に覚えがないことだと藤原良房に潔白を主張するが、連日のように苛《か》烈《れつ》な拷問《ごうもん》が五体に加えられ、ついに自ら放火犯であると認めてしまう。自分たちが造営した応天門を自分たちの手で焼き払うとは、どう考えても理屈に合わないと善男に同情をよせる声もあったが、実力者の良房に逆らう者はいなかった。

その後、伴父子はいったん死罪と決まるが、寵愛《ちょうあい》を受けた仁明天皇の法要を善男が毎年欠かさなかったことをときの清和《せいわ》天皇は是《ぜ》とし、罪一等を減ぜられ流罪となる。善男は伊豆へ、中庸は隠岐《おき》へ。その他一族の主だった者たちも連座し流罪となった。善男はこの事件から二年後に流刑地で亡くなっている。享年五十八。

## ▼藤原良房の謀略にはめられた？

京洛《けいらく》を騒がせたこの応天門炎上事件の放火犯は本当に伴善男だったのか、真犯人は別にいたのか。そもそも放火ではなくただの失火ではなかったのか——など諸説入り乱れており、確かなことは今もわかっていない。おそらくは朝廷で権勢を増してきた伴善男に対し危機感を抱いた藤原良房が謀略で陥《おとしい》れたというのが真相であろう。その後の藤原氏の隆盛をみれば、それは明らかである。

いずれにしろ、この事件によって古代から続く名門大伴氏（伴氏）は歴史の片隅に埋もれることになったのは紛れもない事実。永く武門の誇りを受け継ぐ大伴氏ではあったが、平安時代の末期となり平氏や源氏などの武家が台頭してくるようになると完全にその存在意義が失われてしまったのである。

# 古代史に君臨した蘇我氏一族は、大化の改新後をどう生きたか

## ▼四代百年余にわたり権勢をふるう

古代史を代表する豪族に、蘇我《そが》氏がいる。律令《りつりょう》国家形成期において政権の中枢《ちゅうすう》にあった最有力豪族である。二十八代宣化《せんか》天皇から二十九代欽明《きんめい》天皇の御代《みよ》にかけて活躍した蘇我稲目《そがのいなめ》に始まり、馬子《うまこ》、蝦夷《えみし》、入鹿《いるか》まで四代続けて大臣《おおおみ》（朝廷において最高位の官職）をつとめる一方、代々わが娘を天皇の后《きさき》として送り込み、生まれた子を即位させることにより、天皇家の外戚《がいせき》としてその権力をより強固なものにしてきた一族である。

そんな四代百年余にわたり、わが世の春を謳歌《おうか》していた蘇我氏も、大化の改新（乙巳《いっし》の変）によって滅んだのはご存じのとおり。のちに蘇我氏は、「専権をふるっ

て天皇家に楯突《たてつ》いた一族」とされ、逆賊のレッテルをはられたのもこれまたご存じのはず。しかし、この乙巳の変では一族が完全に滅んでいなかったことを知る人は少ない。変を乗り切った蘇我氏の傍流《ぼうりゅう》はその後、一体どうなったのだろうか。蘇我氏の謎のルーツとあわせてそのあたりを探ってみた。

### ▼渡来人の先進技術を利用して

蘇我氏は、記紀（『古事記』『日本書紀』）によると、五代の天皇に大臣として仕えた建内《たけのうちの》（『書紀』では武内）宿禰《すくね》が始祖という。建内宿禰は神功《じんぐう》皇后の三韓征伐《せいばつ》で活躍した人物でもある。蘇我氏はこの建内宿禰の子の蘇我石川宿禰《そがのいしかわのすくね》の後裔《こうえい》とされ、蘇我稲目はこの石川宿禰から数えて五代目に登場した。その間の系譜は必ずしも詳《つまび》らかでない。

蘇我氏の本拠地についても確かなことはわかっていない。有力視されているのが、現在の奈良県橿原《かしはら》市曽我町、同県葛城《かつらぎ》地方、河内国石川と呼ばれた現在の大阪府の南東のあたりの三カ所である。このうち奈良県曽我町が最有力とされ、同町には蘇我石川宿禰夫妻を祀《まつ》る宗我坐宗我都比古《そがにますそがつひこ》神社が伝わっている。

## ■物部氏略系図

饒速日命《にぎはやひのみこと》……（略）……目《め》―荒山《あらやま》―尾輿《おこし》―守屋《もりや》―雄君《おぎみ》

## ■蘇我氏略系図

建内宿禰《たけのうちのすくね》（武内とも）―蘇我石川宿禰―満智《まち》―韓子《からこ》―高麗《こま》―稲目《いなめ》

稲目
- 馬子《うまこ》
  - 蝦夷《えみし》―入鹿《いるか》
  - 刀自古郎女《とじこのいらつめ》（聖徳太子妃）
  - 倉麻呂《くらまろ》
    - 石川麻呂《いしかわまろ》
    - 連子《むらじこ》―安麻呂《やすまろ》―石川石足《いしかわのいわたり》
- 堅塩媛《きたしひめ》（欽明妃・推古帝の母）
- 小姉君《こあねのきみ》（欽明妃・崇峻帝の母）

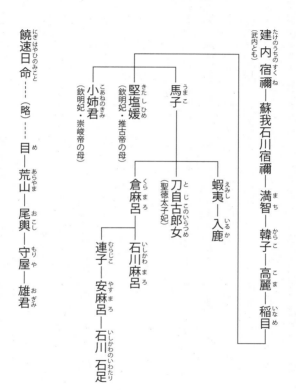

六世紀前半に稲目が登場するまで代々の蘇我氏は、渡来人を支配する役目を担っていたという。それら渡来人が大陸からもたらした先進技術（文字、鉄の生産、灌漑《かんがい》工事、須恵器《すえき》＝土器、綿、馬の飼育など）を掌握したことにより、蘇我氏の台頭が始まったと考えられている。

このように蘇我氏と渡来人とが密接な関係にあったことから、蘇我氏自体、ルーツは渡来人だったとする説が出たこともあったが、その説は根拠に乏しく、現在では完全に否定されている。

## ▼聖徳太子の子を攻め滅ぼす

蘇我稲目が大臣になると、大連《おおむらじ》（大和政権では大臣と並ぶ執政者）であった物部《もののべの》尾輿《おこし》との二大勢力となる。やがて稲目と尾輿の政権争いはそれぞれの息子たち（馬《うま》子《こ》、守屋《もりや》）に引き継がれるが、天皇の後継問題や大陸から入ってきた最先端の思想――仏教の受容問題が表面化すると、二人の対立は決定的となる。

この争いに勝利したのは崇仏《すうぶつ》派の蘇我馬子で、廃仏《はいぶつ》派の物部守屋は滅んだ。その後、馬子から蝦夷を経て入鹿の代になると蘇我氏の専横ぶりはいよいよ際立ち、その権勢は天皇家をしのぐとまで言われた。諸豪族は朝廷よりも蘇我邸に出仕する有り様で、入鹿の子たちを皇子《おうじ》と呼ぶほどであった。

やがて入鹿は、「国家の計を為《な》さん」と号令を発し、皇位継承を巡って自分の意に染まない山背大兄王《やましろのおおえのおう》（聖徳太子《しょうとくたいし》の子）一族を攻め滅ぼすという暴挙に出る。皇極《こうぎょく》天皇二年（六四三年）のことだ。こうして権力の頂点を極めたかのようにみえた入鹿であったが、このことが蘇我氏の自滅を招く引き金となった。

やがて、皇極天皇の子である中大兄皇子《なかのおおえのおうじ》（のちの天智天皇《てんじ》）と朝廷の祭祀《さいし》をつかさどる中臣鎌足《なかとみのかまたり》（のちの藤原鎌足《ふじわらのかまたり》）の二人が手を組み、入鹿を宮中におびき出して殺害するという大事件が起こる。変報に接し、入鹿の父蝦夷は屋敷に火を放ち自害して果てた。これこそ、皇極四年六月に起こった乙巳の変である。こうして大和朝廷でおよそ百年間にわたり絶大な権勢をふるった蘇我氏本宗家《ほんそうけ》は滅んだのだった。

▼暗殺計画に加担した入鹿の従兄弟

この乙巳の変が契機となり、大化の改新――すなわち、それまでの豪族を中心とした政治から天皇中心の政治に移行したとされている。改革の具体的な中身だが、例えば、「天皇」という称号や「大化」などの元号もこのときから始まった。私有地を持つことも禁止され、すべての土地は天皇のものとなり、土地の広さに応じて年貢を納めることが求められた。さらに、全国を国・郡・里の三段階に分け、天皇中心の強力な律令国家を目指したのである。

こうして新国家の建設に邁進《まいしん》する大和朝廷であったが、気になるのは蘇我氏のその後である。先に、蘇我氏本宗家が滅んだと書いたが、それはあくまで蘇我氏の直系の話で、すべての蘇我氏が滅亡したわけではない。史料によれば、大化の改新後も蘇我氏の一族は朝廷内で有力豪族であり続けたことがわかっている。

大化の改新後、残った蘇我氏一族のリーダー的存在となったのが、蘇我倉山田《そがのくらやまだの》石川麻呂《いしかわまろ》という人物。蘇我馬子の子倉麻呂《くらまろ》（蝦夷の弟）の子で、入鹿とは従兄弟《いとこ》の間柄になる。乙巳の変では、中大兄皇子と中臣鎌足の二人に抱き込まれ、入鹿の暗殺計画に加わった。

その功績により、新政権では右大臣に抜擢《ばってき》されている。政権の中枢に座ることができ、喜んだのもつかの間、讒言《ざんげん》（人を悪く言うこと）によって謀叛《むほん》の疑いをかけられ、自害を遂げたかわいそうな人物である。

### ▼藤原氏の台頭で衰退の道を

石川麻呂が滅ぶと、石川麻呂の弟とされる蘇我連子《そがのむらじこ》が、斉明《さいめい》天皇や天智天皇の下で大臣（左大臣か右大臣かは不明）をつとめたことが確認されている。しかし、詳しい事績はわからない。いずれにしろ、連子の兄弟たちが次々に失脚したため、以来、連子の家系が蘇我氏の本流となった。

連子の後継者となったのが、子の蘇我安麻呂《そがのやすまろ》。大海人皇子《おおあまのおうじ》時代の天武《てんむ》天皇の窮地を救ったことでも知られる人物だ。この安麻呂の子は石川石足《いしかわのいわたり》といい、天武朝の末期に氏《うじ》をそれまでの蘇我から石川に改めている。諸官を歴任し公卿《くぎょう》（三位《さんみ》以上）にまでのぼったが、大臣にはなれなかった。

この石川石足の時代に、それまで下級官人《かんにん》として冷や飯を食わされていた藤原《ふじわらの》不比等《ふひと》（藤原鎌足の子）が日の出の勢いで台頭してくる。ご存じ、日本の政治に永く影響を与え続けた藤原氏隆盛の基礎を築いた人物である。以来、この藤原氏と入れ替わるように石川氏（蘇我氏）が政治の表舞台に登場することはなくなった。

# 平安末期から四百年続いた周防・大内氏はなぜ滅んだのか

▼「西の京」と称された周防山口

最盛期だった戦国時代後期、周防《すおう》山口を拠点とし、山陰・山陽と北九州の六カ国を支配。さらに当時の中国・明《みん》との交易を独占するなど名実ともに西国随一の戦国大名となった大内氏。

このころの大内氏の当主は学問や芸術の振興にも熱心で、宣教師たちに領国内でのキリスト教の布教まで許した。京都の文化を移入することにも積極的で、そこから周防は「西の京」と称されるほどだった。

そんなわが世の春を謳歌《おうか》する大内氏だったが、没落は突然やって来る。信頼する家臣で一族でもあった人物の謀叛《むほん》に遭い、あっさり滅亡を遂げてしまったのだ。平安時代末期から四百年近く存続した西国の名門一族はなぜこうも簡単に滅んだのであろうか。

そこには、一族の長い歴史の中で繰り返された「負の連鎖」が関係していた。それは一体どういうことだろうか。

## ▼ルーツは朝鮮半島からの渡来人だった？

大内氏のことが初めて信頼できる史料に登場するのは、平氏全盛の平安末期のことである。大内氏の初代とされ、在庁官人《ざいちょうかんにん》（中央派遣の国司が現地で採用した地方官僚）であった大内盛房《もりふさ》ら一族四人が罪を得て東国へ流され、二十六年後の治承《じしょう》二年（一一七八年）に赦《ゆる》され帰国したことが、九条兼実《くじょうかねざね》の日記『玉葉《ぎょくよう》』に記録されている。

一族の出自《しゅつじ》ははっきりしないが、伝承では百済《くだら》（古代朝鮮半島南西部にあった国）の聖明王《せいめいおう》の子琳聖太子《りんしょうたいし》が周防国の多々良《たたら》浜に着岸、聖徳太子より「多々良」の姓を賜《たま》わった。その子孫が同国大内村に移住し、彼らは姓を多々良、氏《うじ》を大内にしたとされている。つまり、大内氏のルーツは朝鮮半島からの渡来人だったのだ。

ところが、この話はあくまで伝承であって裏付ける証拠は一切存在しない。しかしながら、大内氏は盛房のころには代々在庁官人として周防でも有力な豪族の一氏であったことは間違いないようである。

鎌倉時代に入ると大内氏は源氏の御家人となり、実質的に周防の支配者となった。さらに鎌倉幕府が倒れ「建武《けんむ》の新政」が始まると大内氏は南朝から正式に周防の守護職に補任《ぶにん》される。

ところが、新政がわずか二年半で崩壊し、南北朝時代に突入すると、一族の間で主導権をめぐっての激しい抗争が勃発する。これこそ、その後何代にもわたって繰り返されることになる内部抗争の幕開けとなる事件であった。

## ▼一族中、屈指の英傑、義弘の登場

当時の大内氏宗家《そうけ》当主は八代大内弘幸《ひろゆき》で、抗争の相手は弘幸にとって叔父《おじ》に当たる鷲頭《わしず》長広《ながひろ》という人物。このころは長広のほうが一族の中で宗家の弘幸をしのぐ勢力を誇っていた。

大内弘幸・弘世《ひろよ》父子《おやこ》は、一族の覇権を鷲頭長広から奪取するため、鷲頭一族と抗

■大内氏略系図　（○数字は歴代当主）

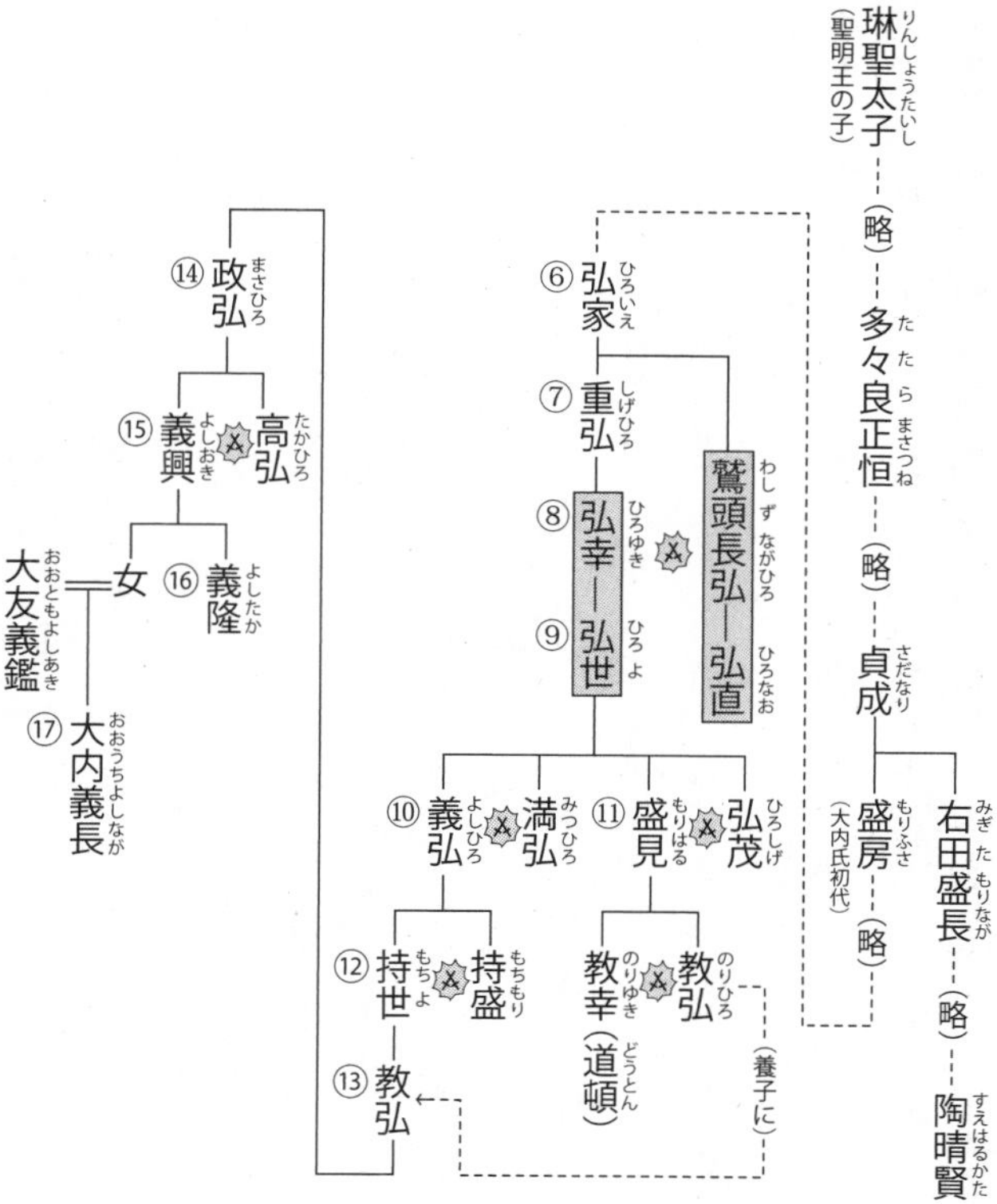

争を繰り返し、ついに長広の跡を継いだ鷲頭弘直《ひろなお》を屈服させることに成功する。それは正平八年（一三五三年、北朝では文和《ぶんな》二年）か翌正平九年のころだという。こうして九代大内弘世は周防と長門の防長二国の守護職の座につくのである。

この大内弘世は、上洛《じょうらく》して室町幕府二代将軍足利義詮《あしかがよしあきら》に拝謁したことがきっかけで、帰国後、京を真似た町づくりに着手し、「西の京」の基礎を築いた人物としても知られている。

弘世の後継者となったのが嫡男の十代大内義弘《よしひろ》で、のちに大内氏に最初の全盛期をもたらした一族中屈指の英傑である。

義弘は室町幕府の忠実な家来となり、幕府に反抗する勢力を次々に攻略。猛将の名を恣《ほしいまま》にした。有力な守護大名の山名氏が三代将軍足利義満《よしみつ》に対し反乱を起こした「明徳の乱」（元中八年／明徳二年＝一三九一年）においても義弘は際立った戦功をあげている。

幕府に対するこうした貢献が認められ、義弘はそれまでの防長二カ国に四カ国を加えて六カ国を領する大大名となる。義弘は当時としては開明的な人物で、地の利を生かして李氏朝鮮や明とも積極的に交易を行い、経済力を蓄えていった。

▼領土の大半を幕府から没収される

ところが、好事魔多し。義弘の前に強大な敵が立ちふさがる。相手はなんと、それまで良好な関係にあると思われていた足利義満である。義満は自分が義弘を大大名に引き上げておきながら、急に義弘の存在が恐ろしくなり、密《ひそ》かにこれを排除しようと画策しはじめるのである。

応永六年（一三九九年）、義弘は自分に対し執拗《しつよう》に繰り返される足利義満の挑発行動に我慢の限界を覚え、ついに堺で反乱の兵をあげた（「応永の乱」）。ところが、同盟者――反幕勢力が思うように集まらず、すぐに幕軍によって鎮圧され、義弘は戦死した。享年は四十代半ばと思われる。

その後、大内氏は領土の大半を幕府に没収され、かろうじて周防と長門の二カ国が義弘の弟で五男の大内弘茂《ひろしげ》に安堵《あんど》される。弘茂は、どうにか首の皮一枚でつながったことでほっと胸をなでおろしたのもつかの間、兄の盛見《もりはる》（四男）がそこに現れ、「自分を差し置いて弟のお前が宗家を継ぐとは許せない」と怒り、弘茂に戦《いくさ》を仕掛けて弘茂を討ち取ってしまった。応永八年のことである。

このように義弘を長兄とする大内家の男兄弟八人はどうしようもなく仲が悪かったようである。そもそも義弘が父弘世の跡を継いで家督を相続した際も、義弘と弟満弘《みつひろ》との間で確執があり、兄弟は合戦に及んでいる。

## ▼繰り返される兄弟喧嘩

それはともかく、弟弘茂を滅ぼした盛見は大内氏第十一代の当主となり、義弘時代の栄光を取り戻そうとして、幕府の信任を得るため北九州経営などで必死に働いた。こうした功績により、盛見は上洛して在京し、相伴衆《しょうばんしゅう》として幕政への参加が認められるまでに大内氏の家運を盛り返すことに成功する。

ところが盛見の死後、またも家督をめぐって兄弟喧嘩が勃発する。今度は大内義弘の子の持世《もちよ》・持盛《もちもり》兄弟の争いだった。二人の争いは最初、弟の持盛側に有利に展開したが、国人衆の支持が得られず、最後は持盛が豊前《ぶぜん》国篠崎（小倉北区）で討ち死にを遂げている。こうして持世が大内氏第十二代当主となった。

この持世が、「嘉吉《かきつ》の乱」（恐怖政治を敷いた六代将軍足利義教《あしかがよしのり》を、幕府の重鎮《じゅうちん》だった赤松満祐《あかまつみつすけ》が暗殺した事件）に巻き込まれ、それが原因で死去すると、家督は従兄弟《いとこ》（盛見の子）の大内教弘《のりひろ》が引き継ぎ、周防・長門・筑前・豊前の四カ国を領した。御多分に洩れず、この教弘と兄教幸《のりゆき》（出家して「道頓《どうとん》」と号す）との間でも一族を二分する家督争い（「道頓の乱」）が起こっている。

教弘の後継者となったのが、子の十四代大内政弘《まさひろ》である。「応仁の乱」では西軍の山名宗全《やまなそうぜん》に加勢し、戦が終息するまでのべ十年間も畿内各地を転戦した。政弘には父教弘同様、美術や和歌に造詣《ぞうけい》が深い文化人という一面もあり、「大内文化」の発展に大きく寄与したことでも知られている。

▼西国の覇王にしのびよる影

政弘の次は子の義興《よしおき》が立った。家督を相続したのは明応三年（一四九四年）、十八歳のときだった。この義興もまた大内家〝伝統〟の家督争いに巻き込まれていた。明応八年、大内家の重臣の一人だった杉武明《すぎたけあきら》という者が主家に対し謀叛《くわだ》を企て、義興を追放したうえで、当時、出家の身だった義興の弟大護院尊光《そんこう》（大内高弘《たかひろ》）を還俗《げんぞく》させて新当主に据えようと画策したのである。

結果的にはこの杉武明の企ては失敗に終わる。事前に不穏な動きを察知した義興によって武明は誅殺《ちゅうさつ》され、大護院尊光のほうは命からがら豊後《ぶんご》（大分県）の大友氏を頼って逃亡したのであった。

義興の後継者となり、十六代当主の座に就いたのが、嫡男大内義隆《よしたか》であった。義隆は山陰・山陽と北九州の六カ国を支配し、文化面でも代々受け継いできた京都に負けない雅《みやび》な「大内文化」を周防の地に結実させ、名実ともに西国随一の覇王《はおう》と称された人物である。

ところが、没落の影は突然しのび寄ってくる。出雲《いずも》の尼子《あまご》氏を討つために行った出雲遠征で義隆は大敗を喫してしまったのだ。しかも、この戦で溺愛していた養嗣《ようし》子《し》の大内晴持《はるもち》を死なせてしまい、二重の悲劇に見舞われることになる。これが転機となり、義隆は政治への関心も領土的野心もすっかり喪失してしまう。そのかわりに、京の公家のように文芸や遊興に明け暮れるようになったという。

▼謀叛の旗を挙げた陶晴賢

西国随一の覇王とうたわれた男の、およそ戦国大名らしからぬ変貌ぶりを、苦々しい思いで見ていた男が一人、義隆の側近中にいた。当時、家中では武断派の代表格であった陶晴賢《すえはるかた》である。陶氏は大内氏の一族で代々重臣の家柄でもあった。

天文二十年（一五五一年）八月、晴賢はついに謀叛を決行する。挙兵した晴賢は主君義隆を自害に追い込むと、家中の実権を掌握したのである。こうして平安末期から四百年近くも続いた西国の名門一族は実質的な滅亡を遂げたのであった。

その後、陶晴賢が率いる大内軍は毛利元就《もうりもとなり》によって厳島《いつくしま》で大敗し、大内氏は急速に衰退する。そして、「厳島の戦い」から二年後の弘治三年（一五五七年）、毛利軍に追い詰められた大内氏最後の当主・十七代義長《よしなが》は自害を遂げ、大内氏は完全に滅亡した。旧領の大半が毛利氏によって併呑《へいどん》されたことは言うまでもない。

――こうして見てくると、大内氏の歴史には兄弟間や一族間で、血で血を洗う抗争が絶えなかったことがよくわかる。これまで紹介したように室町期の兄弟間の家督争いだけでも、義弘―満弘、盛見―弘茂、持世―持盛、教弘―教幸、義興―高弘と五件も連続していた。こうした例は日本史上にも稀である。

### ▼大内氏を反面教師として

一体、大内氏だけがなぜ一族の中で争いが絶えなかったのだろうか。

その問いに対する明確な回答はこれまでに示されていないが、ある史家は、最大六カ国といくつもの国を同時に支配したことで権力が分散して宗家の支配力が弱まり、それによって内部抗争を誘発した、という説を唱えている。しかしながら、戦国時代、複数の国を支配した大名家は少なくない。それらがすべて家督争いなど内部抗争に明け暮れていたという話は聞かない。

普通なら、一族を二分するような内部抗争があった場合、次の代では似たような争いを起こさないよう自重するところだが、大内氏に限ってはそれは当てはまらなかった。これはなぜだろうか。大方の戦国史ファンが納得する新説が望まれるところだ。

いずれにしろ、内訌《ないこう》（うちわもめ）によって崩壊したこの大内氏を反面教師とした戦国武将がいた。大内氏をその手で滅ぼした張本人、毛利元就である。大国になればなるほど崩壊は内部から始まることを大内氏のケースから学んだ元就は、晩年期に入ると息子たちに兄弟力を合わせて宗家を盛り立てていくよう繰り返し語り聞かせていた。すなわち「三矢《さんし》の訓《おし》え」である。毛利氏のその後の繁栄は大内氏の犠牲の上に築かれたと言ってよいだろう。

# 国盗りに成功しながら、あえなく滅亡した美濃・斎藤氏の興亡史

## ▼有能な為政者だった義龍

天下取りを目指す織田信長《おだのぶなが》にとって、その障害となった好敵手が数多《あまた》いたことはご存じのとおり。ざっと名前を挙げただけでも、東海の盟主・今川義元《いまがわよしもと》、甲斐《かい》の虎・武田信玄《たけだしんげん》、越後《えちご》の龍・上杉謙信《うえすぎけんしん》、越前《えちぜん》の朝倉義景《あさくらよしかげ》と北近江《おうみ》の浅井長政《あざいながまさ》、石山合戦で戦った本願寺法主・顕如光佐《けんにょこうさ》……などが思い浮かぶ。しかし、もう一人忘れてはならない武将がいる。乱世の梟雄《きょうゆう》、あるいは美濃《みの》の蝮《まむし》と怖れられ、一代で美濃一国の〝国盗り〟に成功した斎藤道三《さいとうどうさん》の嫡男《ちゃくなん》、斎藤義龍《よしたつ》である。

斎藤義龍は、父道三を攻め滅ぼした「親殺し」というマイナスイメージが強いせいか、戦国史ファンの間でもあまり人気があるほうではない。ところが、その事績

をよくよく調べると、合戦の采配《さいはい》にも内政の舵《かじ》取りにも長《た》けた有能な人物であったことがわかった。惜しむらくは三十五という若さで急死してしまったことだ。

このとき信長は前年に今川義元を討ち（「桶狭間《おけはざま》の戦い」）、天下取りの端緒《たんしょ》についたばかりの二十八歳の青年武将であった。義龍があと十年存命であったなら、信長は桶狭間以降、あれほどの快進撃を続けられなかったはず、というのが史家の一致した見方である。

そんな義龍はなぜ父を殺すという暴挙に出たのであろうか。そのあたりの父子《おやこ》の葛藤《かっとう》を中心に、戦国の世に突如現れた道三流斎藤一族四代の興亡の歴史に迫った。

## ▼持ち前の才覚から頭角を現す

斎藤道三は、一介の行商人（油売り）から身を起こし、権謀術数《けんぼうじゅっすう》を駆使して美濃一国を支配する大名にまで成り上がったとされる人物。後北条《ごほうじょう》氏の祖となった北条早雲《ほうじょうそううん》とともに下剋上《げこくじょう》の代表的な例として語られることが多い。

これまで道三の人物像は、江戸時代に成立した軍記物の影響で、道三一代で油売りの行商人から戦国大名にまで成り上がったと信じられてきたが、一九六〇年代に

■道三流斎藤氏略系図

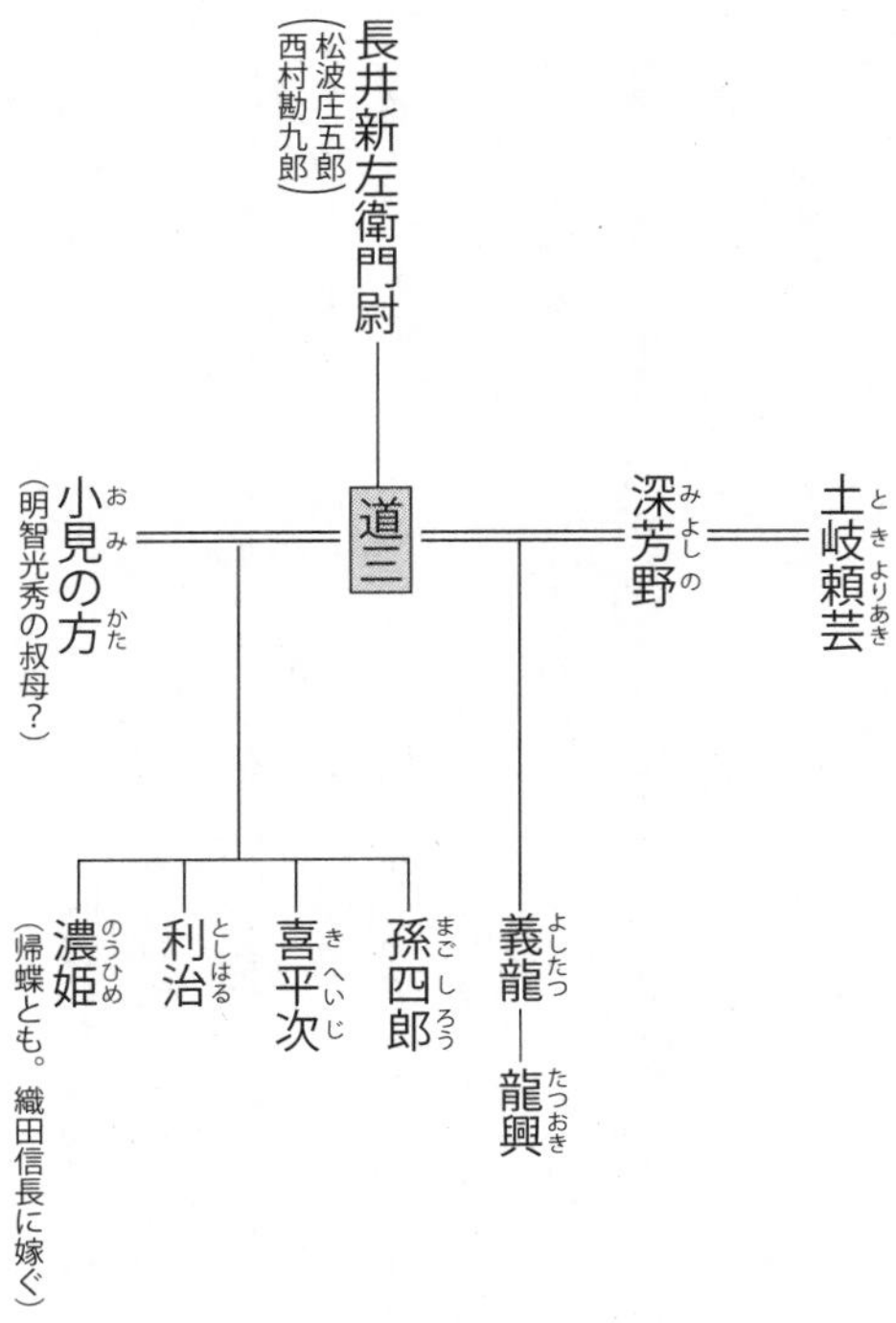
長井新左衛門尉
（松波庄五郎
西村勘九郎）
道三
小見《おみ》の方《かた》
（明智光秀の叔母？）
深芳野《みよしの》
土岐頼芸《ときよりあき》
濃姫《のうひめ》
（帰蝶とも。織田信長に嫁ぐ）
利治《としはる》
喜平次《きへいじ》
孫四郎《まごしろう》
義龍《よしたつ》
龍興《たつおき》

始まった『岐阜県史』編纂《へんさん》の過程で新たな古文書「六角承禎条書《ろっかくじょうていじょうしょ》」が発見され、それによって道三の父・長井新左衛門尉《ながいしんざえもんのじょう》（はじめ松波庄五郎《まつなみしょうごろう》とも）との父子二代による国盗りだったことが今では定説になりつつある。

その古文書によると、道三の先祖は代々「北面《ほくめん》の武士」を務めていたという。北面の武士とは、朝廷が比叡山などの僧兵の強訴《ごうそ》（集団で強硬に要求を突き付けること）を防ぐために一一世紀末に白河《しらかわ》法皇が創設した軍隊のことである。ちなみに、源頼朝《みなもとのよりとも》の父義朝《よしとも》や平清盛《たいらのきよもり》の父忠盛《ただもり》もこの北面の武士だった。

松波庄五郎の代で理由はわからないが浪人し、寺の坊主や油売りなどをしたのち、美濃守護土岐《とき》氏の守護代斎藤《さいとう》氏の重臣であった長井長弘《ながいながひろ》の家臣・西村三郎左衛門の養子になることに成功し、西村勘九郎を名乗る。

その後、勘九郎は持ち前の才覚からめきめきと頭角を現わし、美濃守護土岐政房《まさふさ》の次男頼芸《よりあき》に気に入られるようになる。

▼勘九郎からバトンは道三へ

やがて頼芸と兄政頼《まさより》（頼武《よりたけ》とも）との間で跡目相続をめぐる争いが起こると、勘九郎はすかさず兵を率いて政頼に夜襲を仕掛け、政頼を美濃から追い払ってしまう。こうして勘九郎の働きにより頼芸は念願の美濃守護の座に就《つ》くことがかなう。

実は、従来の通説ではこの政頼への夜襲も道三が為《な》したことと言われてきたが、先述した「六角承禎条書写」の発見によって、政頼への夜襲は道三ではなく父勘九郎が行った可能性が高いという。

つまり、西村家に入り込んでから政頼への夜襲までが勘九郎の働きで、その後父勘九郎からバトンを受け継ぎ、美濃一国の国盗りに成功するまでが道三の働きということになるらしい。そこで本稿ではこの新説に沿って話を進めていくことにする。

道三もまた父同様の寵愛《ちょうあい》を頼芸から受けたようだが、頼芸から見れば所詮《しょせん》道三は又家来《またけらい》の一人でしかなかった。このままではいつまでたっても浮かび上がれないと考えた道三は、やがて大胆な行動に出る。

なんと、政務怠慢など不行跡《ふぎょうせき》を理由に直接の主人である長井長弘を殺害し、長井家を乗っ取ってしまったのである。この乗っ取り劇には異説もあり、越前の朝倉孝景《あさくらたかかげ》（義景の父）のもとに落ち延びていた土岐政頼と長井長弘が内通していたため、頼芸に命じられた道三が長弘を上意討ちにしたのだという。

## ▼土岐頼芸を美濃から追放する

どちらが真実かわからないが、謀《はかりごと》に長けた道三の性格を考えれば、後者の説を信じたくなってくる。きっと道三は、政頼と長弘が内通しているという偽《いつわ》りの情報を頼芸に吹き込んで頼芸を怒らせたのであろう。

いずれにしろ、自分たち父子が世に出るきっかけを与えてくれた恩人を平気で殺してしまうところに、蝮の道三の面目躍如たるものがある。

この事件から八年後の天文七年（一五三八年）、守護代の斎藤利隆《としたか》が亡くなると、道三はその名跡を継いで斎藤氏を名乗るようになる。こうして晴れて美濃国の名家一族の仲間入りを果たした道三。しかし、道三の野望はこんなもので満足しなかった。その野望とは一国一城の主になることである。そのために障害となる存在は今や一人だけになっていた。そう、土岐頼芸である。

天文十一年、道三は頼芸の居城大桑城《おおがじょう》（岐阜県山県市）を攻め、頼芸を美濃から追放し、クーデターに成功する。道三はこうして事実上の美濃の国主となり、父子二代の国盗り物語は完結をみた。結局は長井長弘も土岐頼芸も道三に利用されるために生まれてきたようなものだった。

その後道三は天文二十三年（一五五四年）、六十一で隠居し、家督《かとく》を嫡男義龍に譲るのだが、ほどなくしてこの義龍に命を奪われるのだから、人の世はわからない。

## ▼長良川の戦いで戦死を遂げる

弘治元年（一五五五年）十一月、稲葉山城《いなばやまじょう》（岐阜市）にいた義龍は病気と偽って弟の孫四郎、喜平次らを自らの居室に呼び寄せ、殺害に及ぶと、鷺山城《さぎやまじょう》（同市）に隠居していた父道三に対し兵を挙げた。

それは、わが子でありながらこれまで他人以上に冷たくあしらわれてきたことに対する意趣晴らしと、隠居したとはいっても蝮の本性は健在で、いつ軍勢を集めて自分を追い落とし、美濃国主への返り咲きを狙ってくるか知れたものではない、という恐怖心を振り払うための行動だった。

こうして翌弘治二年四月、義龍軍と道三軍は長良川で激突した。道三軍は兵力では圧倒的に不利で、隣国尾張《おわり》にいる娘婿・織田信長からの援軍も間にあわず、道三は戦死を遂げてしまう。享年六十三。

道三はなぜ義龍にこうもあっさり敗れたのであろうか。その答えは兵力の差に尽きるだろう。義龍の軍勢は一万七千五百、対する道三方はわずかに二千五百程度。つまり道三方は七分の一の寡勢《かぜい》だったのである。

道三という男は、これまで自分を引き立ててくれた恩人を次々と蹴落として美濃一国をわがものとしただけに、敵も多かった。特に旧土岐家家臣団の反発が強く、いざ戦《いくさ》となっても彼らの協力が得られないばかりか、そっくり義龍の指揮下に入られてしまったのである。これでは蝮の道三といえども到底勝ち目はなかった。

### ▼信長の軍勢を何度も追い払う

道三と義龍の父子関係は普段から犬猿の仲であった。道三は、身長が六尺五寸(約百九十七センチメートル)もあった義龍のことを「無能な独活《うど》の大木」と常々馬鹿にしていたのだが、長良川の戦いで義龍の軍勢と対峙《たいじ》し、義龍の水も漏らさない采配ぶりを眺めてそれまでの評価を改め、後悔したと言われている。

家督を継いだ義龍は、貫高《かんだか》制にもとづいた安堵状《あんどじょう》を発給して、長く戦乱に明け暮れた美濃国人衆に経済的安定をもたらすことにつとめた。さらに、合議制を採用し、政治向きのことは重臣たちとの話し合いで決めるようにした。独断専行で何でも一人で決めてしまった道三の時代とは雲泥の差であった。

義龍はまた、道三が見抜いたように軍事面でも並みの武将ではなかった。長良川の戦い後、美濃を奪い取る好機と見た織田信長が、「父親殺しを誅《ちゅう》す」との大義名分を掲げ美濃に何度も攻め込んだのだが、そのつど義龍は織田軍を撃退している。

長良川の戦いから三年後の永禄二年（一五五九年）、義龍はこうした内政・軍事の手腕がときの室町幕府第十三代将軍足利義輝《あしかがよしてる》に認められ、有力大名にしか与えられない幕府相伴衆《しょうばんしゅう》に任じられてもいる。

そんな義龍という存在は、桶狭間の戦いで奇跡的な勝利をつかみ、天下取りレースに一躍名乗りをあげた織田信長にとってはまさに目の上のたんこぶであった。

### ▼十四歳の龍興が斎藤家を相続

そこで信長が、本格的に義龍を討つことを考え始めた矢先、その義龍が急死を遂げてしまう。信長にとってそれは僥倖《ぎょうこう》（思いがけない幸運）以外のなにものでもなかった。義龍が亡くなったのは永禄四年（一五六一年）五月のことである。

義龍の後継者——道三流斎藤家の三代目となったのが、義龍の子の龍興《たつおき》、十四歳であった。龍興という若者は頭脳は明晰《めいせき》だったが、ときは戦国の世である。年若の龍興に乱世の荒波を乗り切るだけのしたたかさを期待するのは無理というものだった。

しかも、たびたび信長から侵攻を受けたこともあって、有能な家臣が龍興を見限って他国へ逃亡をはかるなどしたため斎藤家は衰退の一途をたどることになる。

龍興二十歳のとき、稲葉山城を織田軍に攻められ、龍興は命からがら北伊勢の長島へと亡命する。

その後、龍興は長島一向一揆に加わったり、畿内の三好《みよし》三人衆と手を組んだり、越前の朝倉義景を頼ったりして信長に敵対し再び戦国大名として美濃に返り咲こうと奔走《ほんそう》するが、その野望はついにかなわなかった。

天正元年（一五七三年）八月、織田軍と朝倉軍が、越前と近江の国境で対決した「一乗谷城の戦い」において、客将の立場で朝倉軍に参加していた龍興は乱戦の中で討ち死にを遂げた。享年二十六。

こうして道三流斎藤家は滅亡した。道三から三代続いた——長井新左衛門尉から数えれば道三流斎藤一族四代の国盗り物語は真の意味でここに完結したのである。

## ▼道三の側室となってすぐ義龍を出産

ところで、そもそも道三はなぜ嫡男の義龍を嫌っていたのだろうか。道三の出自に関する謎と並んで、道三流斎藤氏をめぐる最大の謎と言われるこの疑問について最後に考えてみたい。

昔からの通説に、道三と義龍は血のつながっていない父子であったというのがある。道三がまだ土岐頼芸に仕《つか》えていたころ、頼芸から自分の愛妾《あいしょう》だった深芳野《みよしの》という女性を下賜《かし》されていた。このとき深芳野はすでに子を身籠もって（むろん頼芸の子）いたのだという。

深芳野は道三の側室となって一年未満（七カ月説も）で男児を出産する。それが義龍であった。これはわが子ではないと直感した道三は、最初から義龍に冷たく当たり、自分と正室・小見《おみ》の方《かた》（明智光秀《あけちみつひで》の叔母とされる女性）との間に子が次々に生まれるとあてつけのようにそちらばかりかわいがったという。

この義龍の本当の父親は土岐頼芸であったとする説は話としては面白いが根拠に

乏しく、今日では俗説の類《たぐい》とされている。しかし、史家の間でも一〇〇パーセント俗説であると決めかねているのも事実。道三が死の間際まで義龍を嫌っていたことは事実だけに、やはり義龍は道三の実子ではなかったと考えたほうが一番すっきりするのだが、いかがだろう。

## ▼斎藤家滅亡の〝伏線〟

義龍が誕生したとき、義龍の本当の父は土岐頼芸ではないかという噂が道三の周囲に出ていたことは事実らしい。そのせいか道三は最初から義龍を嫌っていたという。ほどなくして道三が頼芸を追放して美濃一国を乗っ取ると、いよいよ道三は義龍を遠ざけるようになった。

そして国盗りから十二年後、道三は自らの隠居を発表する。このときの隠居宣言は道三の意に染まないものだったらしい。ところが、家臣一同から義龍に家督を譲って早期に隠居することを強要され、仕方なく国主の座を降りたのだった。

成り上がりの道三に対し、旧土岐家家臣団がすべて心服していたわけではなかった。確かに戦国乱世にあっては、剛腕の道三と違って文化人（書画が玄人《くろうと》はだしだった）の頼芸では他国からの侵略を防ぎきれるかは心もとない。

そこで道三のクーデターに心ならずも協力した土岐家家臣団ではあったが、いざ道三が自分たちの新主君になると、強引なやりかたに嫌気がさし、その反動として土岐家の血を引くと噂される義龍のほうに敬慕と親愛の情を寄せるようになっていったという。

道三があまりにも性急に、かつ強引に一国を盗ったことで、やがてそのツケが回り回って義龍との父子関係を破たんさせ、最終的には道三流斎藤一族のあえない滅亡を招いたと言えるだろう。

# 四国の覇王・長宗我部氏は没落後、江戸の世をいかに生きたか

## ▼土佐一国の殿さまから浪人に

戦国期、一時的にせよ四国を統一した大名といえば、ご存じ、土佐の出来人《できびと》と呼ばれた長宗我部《ちょうそかべ》元親《もとちか》である。この元親の父国親《くにちか》もまた傑物で、小豪族に過ぎなかった長宗我部氏を土佐国でも指折りの勢力に押し上げたのは紛《まぎ》れもなく国親の功績である。この国親が敷いてくれたレールがあったればこそ、子の元親はあれほど見事に土佐一国、さらに四国全土を平定することができたのである。

元親の後継者となったのが、四男盛親《もりちか》。この盛親という殿さまは、父祖の血を受け継いで戦国武将らしい剛気な性格だったが、やること為《な》すことが裏目に出るという何とも不運な星の下に生まれた人だった。関ヶ原の戦いでは西軍に属したため土

佐一国の殿さまから、あしたの米塩《べいえん》にも窮する浪人と成り果てる。その後の大坂の陣では家名再興を期して豊臣方に味方するも、敗戦後捕らえられ、斬首された。五人いた盛親の男子も同様だった。

こうして平安時代末期から脈々と続いた長宗我部氏の家系は途絶えてしまったが、それはあくまで直系の話で傍流が大坂の陣の敗戦から生き延びていたのをご存じだろうか。傍流の人々は、新たに土佐国の領主となった山内《やまうち》氏の家来となり江戸の世を肩身狭く生き続けたという。本稿では、長宗我部氏のルーツにまつわる謎と、傍流の人々が江戸時代に味わった忍従の日々に焦点を当てた。

## ▼足利尊氏に属し領土を拡張

長宗我部氏のルーツは、古代に大陸から渡ってきた秦《はた》氏だと言われている。それも中国秦《しん》王朝の始皇帝《しこうてい》の子孫を称する名門一族である。そこから秦氏を名乗ったらしい。飛鳥時代、一族の中から推古《すいこ》天皇の御代《みよ》に秦河勝《はたのかわかつ》という者が現れる。河勝は聖徳太子に重用され、信濃《しなの》国に領地を与えられる。信濃秦氏の始まりである。

その後、平安時代末期となり、信濃秦氏の中から現れた秦能俊《よしとし》という者が、「保元の乱」（保元元年＝一一五六年）が起こった際、崇徳《すとく》上皇方に属して敗れ、土佐に逃げ込んだ。この能俊が長宗我部氏の始祖だという。

能俊は最初、長岡郡宗我部郷《そがべごう》に居住したため宗我部氏を名乗ったが、近隣の香美《かみ》郡にも同じく宗我部氏を名乗る一族があったため、長岡郡から一字をとり、長宗我部を名乗った。そして能俊は国分川《こくぶがわ》沿いにある岡豊《おこう》山（南国市岡豊町）に城を築き、代々の居城と定めている。

時代は下って、十一代信能《のぶよし》のとき鎌倉幕府が滅亡、南北朝の争乱を招くが、信能は足利尊氏《あしかがたかうじ》に属し、土佐国守護の細川顕氏《ほそかわあきうじ》の下で南朝方と戦った。のちにその功によって細川氏から土地を与えられ、長宗我部氏発展の礎《いしずえ》を築く。その後、戦国時代を迎えると、応仁の乱で土佐における細川氏の影響力が弱まったことから、土佐国内では一気に小豪族――国人（土着の領主）同士の勢力争いが始まった。

## ▼国親・元親父子による国取り物語

当時、土佐国は七郡に分かれ、それぞれ安芸《あき》氏、大平《おおひら》氏、香宗我部《こうそかべ》氏、本山《もとやま》氏などの有力な国人が牛耳《ぎゅうじ》っていた。長宗我部氏もその七人の国人のうちの一氏である。

このころ長宗我部の当主は十九代兼序《かねつぐ》だったが、専横な振る舞いが目立ったことから、ほかの国人衆は本山氏を中心に反長宗我部連合軍を結成し、兼序を攻め滅ぼしてしまった。

戦乱のなか、兼序の遺児の国親は、応仁の乱を避けるため京都から移って来ていた御所一条《ごしょいちじょう》氏を頼って庇護《ひご》を求め、そこで成長する。のちに国親は勢力挽回を期して周辺の国人衆を一氏、また一氏と謀略や武力で屈服させ、最終的には嫡男元親とともに本山氏を攻め滅ぼし、父兼序の無念を晴らすことに成功している。その後元親は、父国親にとっては命の恩人にあたる御所一条氏を土佐から追放し、ここに長宗我部国親・元親父子《おやこ》による国取り物語は完結を見たのである。

しかし、土佐一国を手に入れた元親の野望はこれにとどまらず、今度は四国全土の統一に乗り出す。阿波《あわ》（徳島県）、讃岐《さぬき》（香川県）、伊予《いよ》（愛媛県）へ次々に軍勢を送り込み、本能寺の変（天正十年＝一五八二年）が起こるころまでにほぼ四国全土を掌中に収めたとみられている。

四国の覇王《はおう》となり、喜んだのもつかの間、元親の前に強大な敵が立ち塞《ふさ》がった。織田信長《おだのぶなが》の後継者となった豊臣秀吉《とよとみひでよし》である。

▼元親の異母弟にあたる人物の系統

元親は秀吉が送り込んできた四国征伐《せいばつ》軍と戦って敗北し、秀吉の軍門に降る。天正十三年のことで、元親は土佐一国に減封された。その後元親は、秀吉の命ずるがままに九州島津《しまづ》征伐、小田原後北条《ごほうじょう》征伐、朝鮮の役と律義《りちぎ》に転戦した。九州の島津氏を攻めた際、自分の後継者として頼りにしていた嫡男信親《のぶちか》を戦死させており、このときの衝撃が余程大きかったのか、以来元親は、人が替わってしまったかのように失政を繰り返すようになったという。

そんな一代の英雄、長宗我部元親は関ヶ原の戦いの前年（慶長四年＝一五九九年）に京都で亡くなった。享年六十一。後継者となった四男盛親は、この関ヶ原の戦いでは当初、徳川家康方の東軍に味方するつもりでいたという。ところが、近江《おうみ》国水口《みなくち》で西軍に行く手を阻《はば》まれ、やむなく西軍に味方することになったのだった。まことに不運な人物である。

その後の盛親だが、関ヶ原の戦い後、浪人に身をやつし、一発逆転を狙って豊臣方に味方した大坂の陣でも敗れ、子供たち共々斬首されたことはすでに述べた。こうして平安以来の家系は途絶えたかに見えたが、どっこい傍流が生き残っていたのだ。それは国親の四男で元親の異母弟にあたる親房《ちかふさ》の系統である。

## ▼郷士よりも低い身分を与えられる

親房は、父国親が家臣・島某《なにがし》の妻に手を出して生ませた子供だという。それゆえ早くから島姓を名乗った（別名島親益《ちかます》とも）。武勇に優れ、兄元親の下で土佐平定に尽力した人物でもある。この親房の子孫に島親典《ちかのり》という者がいて、大坂の陣後、土佐藩に下級藩士として仕《つか》えている。島親房と親典の関係だが、親房の子か孫、または一族の者か、はっきりしたことは未《いま》だわかっていない。いずれにしろ、この島親典の系統が現代の長宗我部当主家につながっていることは間違いないのである。

島親典は大坂の陣後、土佐国の新領主となった山内氏（当時は土佐藩第二代藩主の山内忠義《ただよし》）の前に出頭した。そして入牢《じゅろう》後、赦免《しゃめん》されて山内氏に仕えた。藩から親典に与えられた身分は「徒士《かち》」というごく軽いものだった。その際、長宗我部への復姓や家紋の使用を藩から固く禁じられたという。

土佐藩では、藩士の身分は上士と下士の二つに厳然と分かれていて、上士は、山内家の家臣で藩主に随《したが》って土佐に入った者たち。最高位は家老、ついで中老、物頭、馬廻り、小姓組、留守居組などと続く。一方、下士には長宗我部家旧臣が大半を占めていて、白札《しらふだ》、郷士、徒士、組外、足軽、庄屋の順になっていた。つまり、島親典が与えられた徒士という身分は下士の中では郷士よりも低いものだった。ちなみに、この土佐藩から幕末に現れる風雲児・坂本龍馬《さかもとりょうま》は郷士だった。

## ▼四十三年間も徒士として忠勤に励む

土佐藩では、下士は武士であって武士と認められていなかった。どんなに優秀でも下士の者が上士に取り立てられることはまずなかった。藩政に参加することなど夢のまた夢だった。また、無礼を働いた下士を上士がその場で斬り捨てたとしても、罪に問われることもなかった。いわゆる、斬り捨て御免、というやつである。

島親典がこれほど冷遇されたのは、元領主の血筋の者が下士の身分に甘んじて懸命《けんめい》に新領主に仕えている姿を長宗我部の旧臣に見せることに政策的な意味があると藩の上層部が判断したからにほかならない。

島親典はそうした藩の思惑をおそらく知ったうえで、黙って忠勤に励んだ。親典はなんとその後四十三年間も徒士として奉公した。亡くなったときには、「山内家から香典として銀子《ぎんす》三枚を頂戴した」と、系図に添え書きされていたという。

親典には他家に仕えるという選択もあったのに、なぜ土佐藩に仕えたのか――。それについては確かなことはわからないが、親典の心中を推し量《おしはか》ることはできる。自分が土佐を離れてしまえば、旧臣たちを見捨てたことになる。誇りある長宗我部の一族としてそれだけはできなかったのだ。親典は、自分は軽輩に身をやつし、人からどんなに嘲《あざけ》られようとも、生あるかぎり旧臣たちの行く末を見守っていこうと胸に誓ったのだ。それゆえ親典は土佐を離れなかったのである。

### ▼明治維新となり長宗我部に復姓

島親典の戒名《かいみょう》が今に伝わっている。それは「心庵宗無居士」の六文字だ。心庵と無の間に、長宗我部の中の一字「宗」をひっそりとしのばせたところに先祖に対する親典の思いの深さをうかがい知ることができる。

島氏はその後も代々土佐藩に仕え、明治維新後に親房から数えて十二代目とされる島重親《しげちか》のとき長宗我部姓に復している。その際、宗家が途絶えていたため必然的に長宗我部氏の当主の座を引き継いだのだが、明治天皇からも長宗我部宗家《そうけ》として認められたという。このとき島重親の胸にはどんな思いが去来しただろうか。

島氏にとって江戸時代とは、言うに言えない忍従の日々の連続だったに違いない。そうした辛い思いに代々耐え続けたのは、下士に甘んじていた長宗我部氏の旧臣たちも同じだった。下士の家に生まれたという理由だけで上士たちから代々理不尽な扱いを受けてきた彼らは、幕末となり幕藩体制が揺らぎ始めるとそれに触発され、屈辱と貧困の軛《くびき》から脱しようと他藩に先駆け行動を起こそうとした。

そんな下士出身の代表的な活動家こそ、武市半平太《たけちはんぺいた》や坂本龍馬、中岡慎太郎《なかおかしんたろう》らであった。彼らは知ってか知らずか、江戸の二百七十年間でたまりにたまった長宗我部家旧臣の鬱積《うっせき》を晴らそうとして倒幕運動に突き進んでいたのである。

# 4 日本文化の礎を築いた一族の物語

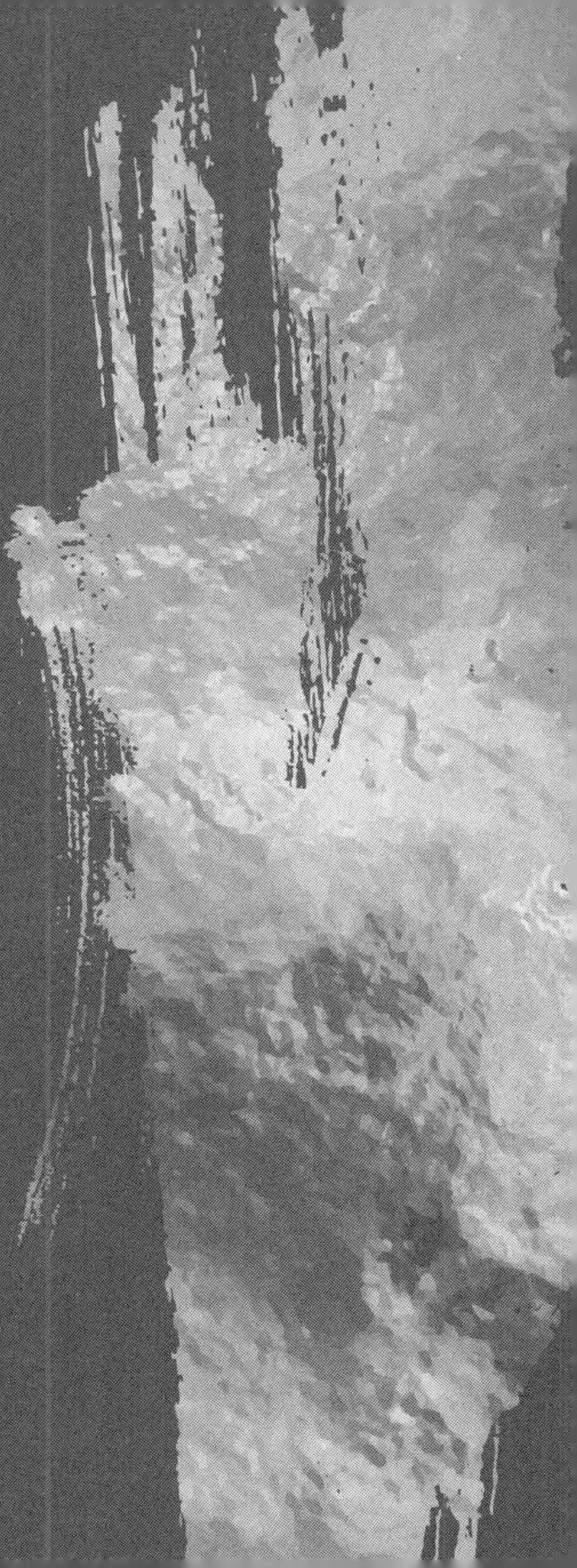

# 東大寺の金剛力士立像を制作した仏師集団・慶派とは？

▼仏像彫刻史に燦然と輝く二人

奈良観光に欠かせない見どころの一つに、東大寺南大門《なんだいもん》に立つ一対の巨大な金剛《こんごう》力士立像《りきしりゅうぞう》（仁王像《におうぞう》）がある。門に向かって右が吽形《うんぎょう》（口を閉じた像）、左が阿形《あぎょう》（口を開いた像）。

金剛力士とは仏法を守護する神で、古代インドの武器に由来する「金剛杵《こんごうしょ》」という法具を持ち、筋骨隆々とした逞《たくま》しい体と激しい忿怒《ふんぬ》の形相《ぎょうそう》でおなじみのことだろう。これは、御本尊《ごほんぞん》（東大寺であれば盧舎那仏《るしゃなぶつ》＝通称・奈良の大仏さま）を守護し仏敵が寺内に侵入するのを防ぐ役割を担っているからである。

国宝にも指定され、古今を通じて金剛力士立像の最高傑作とされるこの東大寺南大門の金剛力士立像を制作した人物こそ、わが国の仏像彫刻史に燦然《さんぜん》と輝く二人の仏師（仏像をつくる人、僧侶でもあった）、運慶《うんけい》と快慶《かいけい》である。

二人が所属したのは、当時「慶派《けいは》」と呼ばれた仏師一族であった。運慶と快慶も、日本史の教科書にも載るほどの有名な人物なのに、その出自《しゅつじ》や仏師としての活躍の様子、さらには晩年期をどう過ごしたのか、などについてはほとんど謎だ。本稿では、少ない史料からそのあたりの謎を解き明かし、同時に慶派とはどんな仏師一族であったのかを探ってみたい。

## ▼日本的仏像を生み出した天才仏師

そもそも仏教が大陸から朝鮮半島を経てわが国にもたらされたのは六世紀半《なか》ばのことである。それと同時に中国や朝鮮から仏師も渡来し、奈良や京都などで造仏《ぞうぶつ》を行うようになった。

そのうち日本人の間にも自然と仏師が育ち始め、日本人の感性に合う仏像が造られるようになる。やがて、そうした中から一人の天才が現れる。平安時代後期に活躍した仏師定朝《じょうちょう》である。

定朝は、いくつかの木の部材を組み合わせて一体の仏像を造るという日本独自の技法――寄木造《よせぎづくり》の完成者とされている。この製法により部品ごとに分業で仕上げられ、大量生産が可能になった。さらに像内を空洞化する内刳《うちぐり》という新技法を創案したのも定朝とされ、これにより乾燥によるひび割れを大幅に抑えることができた。

肝心の定朝が彫る仏の表情だが、えも言われぬ気品があって優しげで、このあたり特に平安貴族たちに好まれたという。平等院本尊の阿弥陀如来坐像《あみだにょらいざぞう》（国宝）は定朝の現存する数少ない作品の一つとされ、特徴的な作風を今に伝えている。

定朝が亡くなると、その造仏様式は弟子たちによって受け継がれた。弟子たちはいくつかの流派に分かれたが、主なものは三つあり、円派、院派、慶派と呼ばれた。そのうち人々から本流と目《もく》されたのは師の定朝の様式を頑《かたく》なに守る円派と院派で、慶派はどちらかというと蚊帳《かや》の外に置かれていたという。

▼南都焼討事件が飛躍の転機に

慶派が傍流扱いされたのには理由がある。なぜなら円派と院派は日本の中心である平安京を拠点にしていたのに対し、慶派は奈良の興福寺に拠点を置く奈良仏師であったからだ。

しかも慶派が、本流である京仏師への対抗意識からか定朝様式とは異なる新しい造形様式――もっとリアルさを追求した仏像表現を模索し始めたことも当時の貴族たちから敬遠される理由だったという。

慶派にあってそんな新しい造形様式に意欲的に取り組んだのが、運慶の父康慶《こうけい》であった。康慶という人は定朝の血縁ではなく、元は興福寺の末僧だったが、彫刻の才能に恵まれており、慶派の頭領に抜擢《ばってき》されたのだった。

運慶はこの康慶のもとで修業を積み、早くから天才として頭角を現していた。安元二年（一一七六年）には、奈良・円成寺《えんじょうじ》の大日如来坐像《だいにちにょらいざぞう》（国宝）を制作。同仏像は現存する運慶作品の中で最古のものだ。生年がはっきりしないためこのときの正確な年齢はわからないが、二十五歳ごろとみられている。

この大日如来坐像の制作から四年後、奈良の主要部を焼き尽くす大事件「南都《なんと》焼討《やきうち》」が勃発する。平氏政権に反抗的な態度をとる東大寺と興福寺が平重衡《たいらのしげひら》によって焼き払われてしまったのである。しかし、この事件が慶派隆盛の転機となったのだから歴史は皮肉だ。

## ▼一体の像が三千点もの部品で構成

東大寺と興福寺の復興のため慶派仏師のもとに次々と仏像制作の依頼が入った。平氏から政権を奪取した源氏は、それまで平氏とかかわりが深かった京仏師を嫌ったこともあり、慶派の一人勝ち状態だった。こうして東大寺南大門の金剛力士立像の制作へとつながっていくわけである。

運慶はこの力士像の制作に当たり、現場監督的な役割を担ったという。そんな運慶の片腕として活躍したのが、兄弟弟子の快慶である。

従来、二体の像は力強い作風の運慶と繊細な作風の快慶が一体ずつ（吽形は運慶、阿形は快慶）制作したものと思われていたが、「平成の大修理」によって像内から文書が発見され、吽形は定覚《じょうかく》（運慶の弟）と湛慶《たんけい》（運慶の子）、阿形は運慶と快慶が担当したことが判明した。

さらに、このときの解体修理によって力士像は当時の寄木造の技術の粋を結集したもので、高さ八・四メートルの像はそれぞれ約三千点（二体で六千百二点）もの大小の部品で構成されていたことがわかった。運慶らはこの二体の像を着工からわずか六十九日目に完成させている。建仁《けんにん》三年（一二〇三年）のことだった。

この南大門の金剛力士立像が世間の大評判となったことで、運慶ら慶派にはますます仏像の制作依頼が舞い込むようになった。

この当時、源氏による本格的な武家政権の誕生という変革期にぶつかったことで、それまでの貴族趣味とは違った素朴で力強さのある新しい文化が育《はぐく》まれようとしており、そうした新時代の風が運慶らを後押ししたことは間違いないだろう。

## ▼熱心な阿弥陀信者でもあった快慶

ところで運慶の兄弟弟子の快慶だが、運慶より五歳ほど年長だったとみられている。二人に血縁関係はない。

運慶作の現存する仏像は、ごく最近になって確認された興福寺の四天王立像を加えた三十五体。すべてが国宝か重要文化財だ。一方、快慶の作品はそれよりも多い約五十体（推定を含む）あるとされ、こちらも一部を除き国宝か重要文化財に指定されている。

特徴的なのは、二人の作品が安置されている場所の違いだ。運慶の作品は鎌倉周辺や奈良の大寺院で多く発見され、快慶の作品は近畿地方を中心とした西国の小さな寺院でみつかることが多い。それも快慶の仏像は身の丈《たけ》三尺（九十センチメートル）前後の小型の阿弥陀仏が中心という。

この違いは運慶と快慶、二人の生き様の違いでもあった。快慶は南大門の金剛力士立像を運慶と共同制作した後、運慶と袂《たもと》を分かち、一人放浪の旅に出たという。当時は相次ぐ戦乱に加え、飢饉《ききん》や疫病《えきびょう》で庶民の生活はとことん困窮していた。人一倍仏心に篤《あつ》かった快慶はそうした窮民を見捨てておけず、御仏《みほとけ》の力で一人でも多く救済したいと考えたようである。

快慶は旅の途中に格式や堂宇《どうう》の大小にこだわらず目についた寺に草鞋《わらじ》を脱ぎ、そこで請われれば庶民のために阿弥陀仏を彫った。大きさを三尺に決めたのは小さなお堂でも安置しやすいようにという快慶なりの配慮だった。

▼その後の慶派はどうなった？

権力を握る武家に接近し、川の上流から仏の教えを庶民に行き渡らせようとした運慶。かたや自らは常に川下に身を置き、庶民に寄り添いながら仏の慈悲を説くことを選んだ快慶。

どちらが正解かは誰にもわからないが、二人は仏師として誠実に自分の仕事を全《まっと》うし、一時代を築いたことは疑いのない事実である。

その後の慶派だが、運慶の子の湛慶は父や快慶に劣らない名人と称された。現存する作品の中では、京都・妙法院蓮華王院《みょうほういんれんげおういん》本堂（三十三間堂）本尊の千手観音《せんじゅかんのん》坐像が有名だ。また、同本尊の左右に林立する一千体（正確には千一体）の千手観音立像の中にも湛慶の作品が数体含まれているという。

しかし、この三人があまりに偉大過ぎたせいか、その後の室町、戦国、江戸時代と慶派は存続したものの、これといって才能のある仏師は出ていない。

# 狩野派は、なぜ四百年間も画壇に君臨することができたのか

## ▼足利義政に見いだされる

室町時代の中期から江戸時代の終わりまで、およそ四百年間にわたってわが国の画壇に君臨し続けた絵師集団があった。狩野《かのう》派である。歴史上、これほど長く活動した絵師集団は、世界中どこにも存在しない。狩野派だけがなぜ天下人たちの心をとらえることができたのであろうか。その謎を解き明かしていこうというのが本稿の主題である。

狩野派は、絵師という特殊技能を表看板としながら、親から子、子から孫へと代々血族中心に受け継がれていった珍しい一族である。流派の開祖とされるのが、狩野正信《まさのぶ》だ。美的センスに恵まれていた室町幕府八代将軍足利義政《あしかがよしまさ》に見いだされ、

正信は幕府の御用絵師となる。その後、安土桃山時代から江戸時代の初期にかけて一族の中から次々と天才が出現したことが、のちの流派の繁栄につながった。

それでは開祖正信の時代から江戸幕府の御用絵師となったあたりまでの狩野派の歴史を以下でたどりながら、天下人に愛された秘密を探っていくことにしよう。

## ▼二代目元信が繁栄の礎を築く

狩野正信は、応仁《おうにん》の乱（一四六七年〜）が始まるころにはすでに足利幕府の御用絵師になっていたとみられている。出身は下野《しもつけ》（栃木県）とも上総《かずさ》（千葉県）とも言われているが、はっきりしたことはわからない。

現在、正信の作品は中国の故事を題材にした『周茂叔愛蓮図《しゅうもしゅくあいれんず》』（国宝）など数点が確認されており、その多くが国宝や重要文化財に指定されている。特に『周茂叔愛蓮図』は、人間と雄大な自然との一体感を表現した水墨画の傑作とされ、のちの狩野派の進むべき方向を決定づけた作品とも言われている。

狩野宗家の二代目を継いだのは正信の長男元信《もとのぶ》である。この元信こそが、「狩野派ブランド」を確立し、狩野派繁栄の基盤を築いた立役者であった。中国伝来の水墨画（漢画）と日本古来の大和絵《やまとえ》の融合を目指し、書院造り建築の装飾にふさわしい日本的な障壁画《しょうへきが》（襖《ふすま》などに描いた絵を指す）様式を確立したのである。

代表作は、大徳寺大仙院に伝わる「四季花鳥図」（重要文化財）。大胆さと繊細さが見事に調和し、当時の武将たちから絶大な人気を得た作品である。この作品がきっかけで元信のところに絵の注文が殺到するようになった。とても自分一人では注文をこなせないと考えた元信は、ある妙案を思いつく。

## ▼天才、狩野永徳の登場

絵を描くのが得意な若者を門弟として大勢雇い入れ、彼らに「狩野元信風」の絵を大量に制作させたのである。事前に元信のほうで、人物や動物、山川草木《さんせんそうもく》などを描いた粉本《ふんぽん》（絵手本）を用意していたので、門弟たちはその粉本にしたがって忠実に再現するだけでよかった。元信は門弟たちに対し、粉本からけっして逸脱しないよう、自分勝手な表現は厳《げん》に慎むよう命じたという。

こうして描き上がった絵に元信の印が押されることで、狩野元信の作品として立派に世間に通用したのである。この大量生産によって狩野派ブランドの認知度は一

## ■狩野氏一族の略系図

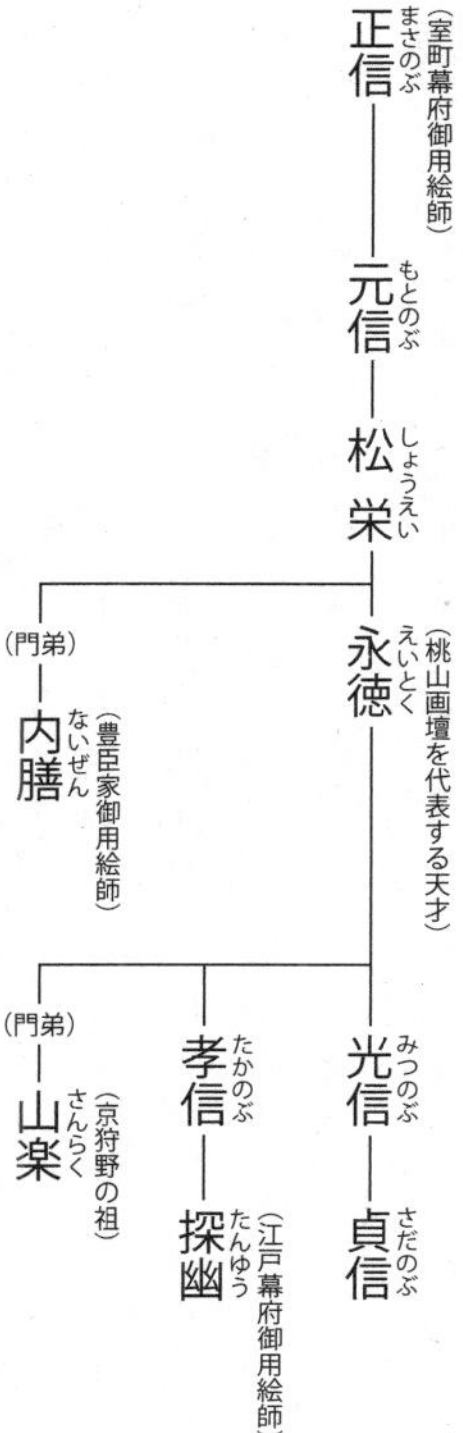
正信《まさのぶ》（室町幕府御用絵師）
元信《もとのぶ》
松栄《しょうえい》
永徳《えいとく》（桃山画壇を代表する天才）
（門弟）
内膳《ないぜん》（豊臣家御用絵師）
光信《みつのぶ》
孝信《たかのぶ》
（門弟）
山楽《さんらく》（京狩野の祖）
貞信《さだのぶ》
探幽《たんゆう》（江戸幕府御用絵師）

気に高まったことは言うまでもない。

元信の跡は三男の狩野松栄《しょうえい》が継いだ。父元信と子の永徳《えいとく》はいずれも江戸期を代表する絵師の一人だけに、その間に挟まれてやや地味な印象をぬぐえないが、それでも松栄の「仏涅槃図《ぶつねはんず》」（重要文化財）は、明兆《みんちょう》（室町期の画僧）の作品と長谷川等伯《とうはく》（安土桃山から江戸初期にかけての絵師）の作品と並んで「三大涅槃図」に数えられているほどである。

そして狩野永徳である。言うまでもなく、桃山時代の日本画壇を代表する天才である。永徳は信長や秀吉などの求めに応じて数々の傑作をものにした。安土《あづち》城や大坂城の障壁画を制作したのも永徳である。残念ながらその後の戦火によって作品のほとんどは建物と共に焼けてしまい、現存するものは少ない。

▼永徳の絵は当時最高級の贈答品

現存する作品では、「唐獅子図屏風《からじしずびょうぶ》」（皇室の私有品のため国宝や重要文化財の保護対象外）が有名だ。この作品を教科書で目にして記憶している人も多いことだろう。堂々たる雌雄《しゆう》の獅子《しし》が並んで闊歩《かっぽ》する様子が、単純な図柄ながら力強い筆法で描かれ、一度見たらけっして忘れない迫力に満ちた作品である。

また、織田信長《おだのぶなが》が越後の上杉謙信《うえすぎけんしん》のご機嫌をとるために贈った屏風「上杉本洛中《らくちゅう》洛外図屏風《らくがいずびょうぶ》」（国宝）も今に伝わっている。このことは永徳の存命中から、永徳の絵は最高級の美術品（贈答品）という共通認識が当時の人々にあり、天下の名刀や名物茶器同様、武将たちの地位の象徴《ステータスシンボル》であったことを物語っている。

しかし、そんな天才永徳も、天正十八年（一五九〇年）九月十四日、絵を制作中に四十八歳という働き盛りで急死した。現代風に言えば、過労死だったらしい。父松栄が亡くなる二年前のことだった。存命であればまだまだ傑作をものにできたはずだけに、日本の美術界にとってはまことに惜しい死であった。

その後、宗家は永徳の長男狩野光信《みつのぶ》が継いだが、光信が早く亡くなり、その子狩野貞信《さだのぶ》はまだ若年であったため、光信の弟狩野孝信《たかのぶ》が一時的に一門を率いた。この人は絵師としての腕前は一流だったが、それよりも政治力に長《た》けた人だった。

▼誰が政権を取っても生き残るように

このころは政権が豊臣氏《とよとみ》から徳川氏《とくがわ》に移ろうとする過渡期にあたっていたため、

孝信は政権がどう転んでもいいように狩野派が生き残る道を模索した。そこからひねり出した答えが、通称「三方面作戦」と呼ばれるものである。

狩野派の本拠地で朝廷のある京都は孝信自身が受け持ち、大坂の豊臣氏には豊臣とゆかりのある門人の狩野山楽《さんらく》や狩野内膳《ないぜん》を置き、江戸の徳川氏には宗家の狩野貞信と自身の長男狩野探幽《たんゆう》をあたらせた。こうして朝廷、豊臣、徳川の三者のうちいずれに政権が移っても狩野派が生き残るようにしたのである。

この三方面作戦によってのちに狩野派は、京都にとどまった「京狩野」と江戸に出た「江戸狩野」とに分かれることとなる。前者の代表は狩野山楽、後者の代表は狩野探幽であった。

狩野探幽は、狩野派の歴史において祖父永徳と並び称される偉大な絵師である。早熟の天才と言われ、十六歳で早くも江戸幕府の御用絵師となり、元和七年（一六二一年）、二十歳で本拠を江戸に移してからは江戸城、二条城、名古屋城、大徳寺など名だたる建築物の障壁画制作の陣頭指揮に立っている。

特に評価が高いのは、二条城二の丸御殿の襖絵だ。外様《とざま》を含めすべての大名が通される控えの間「遠侍《とおざむらい》の間」の襖には、見るからに獰猛《どうもう》で威圧的な虎の絵が描かれていた。徳川家に弓を引く慮外者《りょがいもの》が現れた場合、この牙と爪で引き裂かずにはおかないという暗示であった。

▼今も受け継がれる狩野派の画風

そして、将軍家と対面が許される大広間に移ると、一転、そこは「静」の世界で、周囲の襖には部屋を圧するばかりの松の巨木が描かれていた。大名たちはその絵から徳川幕府が内包する権力の大きさを思い知らされることになるのである。まさに、見る人の心理状態を手玉にとる探幽の巧妙な空間演出であった。

この探幽の出現が狩野派としてのピークで、その後の江戸中期から末期にかけては世に聞こえた英才・奇才は門下から出ておらず、永徳や探幽の「遺産」で食べていたようなものだった。これは、大量生産を可能にするため絵師の個性を否定して粉本主義に固執《こしゅう》したことが原因と考えられている。

永徳と探幽という二人の天才が立て続けに登場したことはむろん大きいが、品質の高い絵を大量生産することで狩野派ブランドを確立し、さらに二条城二の丸御殿の襖絵からもわかるように、後援者《パトロン》が替わってもそのつど心の内を読みとって、後援者が欲する作品を常に具現化してきたことが、安土桃山時代から江戸時代初期にかけて狩野派が隆盛した要因と言えるだろう。

そんな四百年間も日本画壇に君臨した狩野派だったが、江戸幕府が瓦解《がかい》すると、最大の後援者を失ったことで表舞台から退場する運命にあった。ところが、明治維新を迎えると、かつて狩野派の絵を学んだ狩野芳崖《ほうがい》と橋本雅邦《はしもとがほう》という二人の天才が現れる。二人は日本画の革新運動に大きく貢献し、のちに登場する近代日本画を代表する下村観山《しもむらかんざん》や横山大観《よこやまたいかん》、菱田春草《ひしだしゅんそう》、川合玉堂《かわいぎょくどう》らに大きな影響を与えた。こうして狩野派の画風は現代の日本画の中にも脈々と受け継がれているのである。

## 鴻池家を天下一の豪商に押し上げた一族の〝血〟とは

### ▼短期間で大坂を代表する豪商に

戦国末期、摂津《せっつ》国鴻池《こうのいけ》村（現在の兵庫県伊丹市鴻池）で手がけた酒造業がすべての始まりだった。その後、大坂に拠点を移し、海運業、両替商、大名貸しなどで財を築き、江戸時代を通じて日本一の財閥として君臨した鴻池家。明治期に入ると「鴻池銀行」を設立、やがてそれが「三和銀行」から今日の「三菱ＵＦＪ銀行」へとつながったのは有名な話だ。

江戸時代初期の初代鴻池正成《まさなり》から当主は代々善右衛門《ぜんえもん》を名乗り、十代鴻池善右衛門幸富《ゆきとみ》のとき明治維新を迎えている。全盛期の幕末期には「天下の富の七割が大坂に、そのまた七割が鴻池にあり」と言われるほどであった。

一七世紀末期に登場した三代善右衛門宗利《むねとし》の代にはすでに鴻池家は大坂を代表する豪商の仲間入りを果たしていた。一体、創業からわずか百年足らずの短期間でなぜこれほどの飛躍を遂げることができたのであろうか。

以下では、それを可能にした鴻池家ならではの同族経営の秘密を、一族の歴史をたどりながら探っていくことにしよう。

## ▼武士を捨て商人として生きる

鴻池家の始祖は鴻池直文《なおふみ》（通称新六）といい、家伝では中国地方の大大名であった尼子《あまご》氏家臣の山中鹿介《やまなかしかのすけ》（幸盛《ゆきもり》）の長男とされている。山中鹿介は、尼子氏が毛《も》利《り》氏によって滅ぼされたのち、御家再興に奔走《ほんそう》した忠義の武将である。

直文は父鹿介が毛利氏によって討ち取られると、わずか九歳で孤児となったため、摂津国伊丹にいた大伯父（鹿介の伯父）を頼り、そこで養育されたという。直文は名高い武将の忘れ形見ということで仕官の話はあちこちから舞い込んだようだが、なぜか直文は成長すると武士を捨て、商人として生きる道を選ぶ。そして、直文が始めた商売が、酒造業であった。

この伊丹という土地は、酒造に適した米と水に恵まれており、室町時代中期から盛んに良質な酒が造られていた。交通の要所でもあり、製造した酒を各地に出荷するのにも都合がよかった。二一世紀初頭の今日、日本酒の代表的銘柄となっている「剣菱」「男山」「松竹梅」などはこの伊丹発祥の酒である。

直文は、室町時代からあった段仕込みを改良、麹米・蒸し米・水を三回に分ける三段仕込みを考案し、効率的に清酒を大量生産する製法を開発した。これはやがて日本国内において清酒が本格的に一般大衆にも流通するきっかけとなった。

## ▼直文、清酒を江戸に売り込む

清酒の製法を最初に開発したのも直文とされている。当時の酒は白く濁っているのが当たり前だったが、直文が開発した清酒はそれまでの濁り酒とは風味・香り・口当たりとも格段の差がある上質なものだった。

この清酒の開発に関しては、有名な逸話がある。主人直文に叱られた手代が、店を逐電《ちくでん》する際、腹いせに酒樽の中に木灰《もくはい》を大量に投げ込んでいった。翌日、その樽をのぞいてみると香りのよい澄んだ酒に生まれ変わっていたという。アルカリ性の木灰が、酒の酸味を中和して透明度も高めたのであった。これを「木灰清澄《せいちょう》法」という。この逸話の真偽は定かではないが、直文が日本で初めて清酒の大量生産に成功したことは間違いないようである。

その後直文は、この清酒を江戸で販売することを思いつく。慶長四年（一五九九年）にはその「江戸送り」を始めている。競争相手が多い京・大坂で勝負するより、徳川家康がいままさに整備を進めている新興都市の江戸に進出したほうが、商売上のうまみは大きいとにらんだからである。

直文のこの目論見《もくろみ》は見事に当たった。

▼七人いる兄たちを差し置いて後継者に

鴻池の酒は最初、伊丹から東海道を駄馬で江戸まで運ばれたが、澄んだ酒が珍しかったこともあり、並の酒の二倍の値段でも新し物好きの江戸っ子に飛ぶように売れた。そこで、とても陸送だけでは需要にこたえきれなくなったため、海路で運ぶことになった。

最初は海運業者に委託していたが、すぐに「自前の船で運んだほうが輸送費を抑えられ、より大量の酒を運べるようにもなるはず」と考え、廻漕業《かいそう》に乗り出す。それが、直文の息子・鴻池正成の代で、この正成が初代鴻池善右衛門となる。

直文は八男二女に恵まれており、そのうち自分の後継者として直文が指名したのが、八男正成であった。その他の息子たちは、例えば二男と三男は大坂で分家して酒造業を営み、七男は鴻池村の本家を継いでいた。七人いる兄たちを差し置いて正成が後継者に指名されたということは、よほど正成という人は若くして人物・識見・商才に秀でていたのであろう。

正成は十代前半で父直文に伴われ、大坂に移り住んでおり、以来、その才覚を見込んだ直文から徹底した英才教育を施されたものと思われる。この正成が父直文を後見役として廻漕業に乗り出したのは、まだ十八歳の若さだった。

こうして鴻池村と大坂で醸造された酒は次々と大坂湾から船で江戸に運ばれ、帰り船には諸大名から輸送を託された年貢米や各地の物産が満載されていた。

## ▼酒造業と廻漕業からの撤退を宣言

こうして酒造業と廻漕業の両輪で財を殖やしていった鴻池家。廻漕業が縁で諸国の大名と取引関係が生じ、借金を申し込まれることも多くなった。いわゆる「大名貸し」である。この大名貸しによって鴻池家の富は一気にふくらんだ。

そんな順風満帆だったはずの家業に逆風が吹いたのは、寛文（一六六一年～）前後の酒造統制や元禄年間（一六八八年～）の減醸令であった。酒造りには当時の経済の根幹である米を大量に必要とするため、幕府はそのときどきの米相場や食糧事情によって酒造を厳しく統制したのである。

酒造業の未来に危ういものを感じた正成は、そこで一大決心をする。主だった使用人を集めると、酒造業と廻漕業からの撤退を宣言したのである。そして、新たな家業の柱と位置付けたのが、それまで副業でしかなかった両替業（現在の銀行に相当）であった。

こうして明暦二年（一六五六年）に両替屋を今橋に開店、大名や町人相手に本格的な両替業や貸付業を始める。正成四十九歳のときであった。

この正成が軌道に乗せた金融業を大きく発展させたのが、正成の孫の三代目鴻池善右衛門宗利である。元禄八年（一六九五年）に二十九歳で家督を相続した宗利は、貸し倒れの心配が少ない大名貸しに力を入れ、鴻池家の最盛期を築く。

## ▼新田開発にも熱心に取り組む

当時の鴻池家は徳川御三家（尾州家、紀州家、水戸家）をはじめとして三十を超える藩に貸付を行っていた（幕末期には貸付先は百藩を超えた）。大名貸しの場合、利子だけで十年で元が取れたというから、相当の高利だったことがわかる。

諸藩の大名たちは普段、領民には威張り散らしていても、鴻池のような豪商にはまるで頭が上がらず、利子分を捻出するだけで四苦八苦していたというのが、いずこも変わらぬ台所事情であった。

しかも、貸付に当たって宗利は、藩から名字帯刀を許され、扶持米《ふちまい》（いわゆる給料）までもらっていた。この扶持米だけでも年間に数千石の収入があったというから、笑いが止まらなかったに違いない。

宗利は新田開発や市街地整備にも熱心だった。例えば、大和川の付け替え工事で干上がった、河内平野の巨大な池（約百二十ヘクタール＝東京ドーム二十六個分）の跡を田畑（「鴻池新田」と呼ばれた）として開発したりしている。こうした新田開発や市街地整備によってもたらされる地代収入も莫大であった。

宗利の功績として、もう一つ忘れてならないものがある。それは家訓『家定記録覚《いえさだめきろくおぼえ》』の制定である。宗利が定めたこの家訓を代々の当主や奉公人たちが実直に守り続けたからこそ、鴻池家は明治維新を無事迎えることができたと言っても過言ではない。では、それは一体どういうものだったのだろうか。

### ▼一族が結集して本家を支える

宗利はこの家訓を完成させるのに、五十歳のときに構想の端緒についてから、なんと十六年もの歳月をかけたことがわかっている。それは、始祖直文が書き遺した『子孫制詞条目《しそんせいしじょうもく》』が下敷きになっていて、宗利自身の経営哲学に始まり、奉公人に対する実務的な指示、生活面での注意など多岐にわたっていた。

『家定記録覚』は全三冊から成る大著で、その骨子は「本家を中心にして分家や別家を含めた一族が力を結集し、本家の繁栄を輔《たす》けよ」というものだった。本家の繁栄なくして一族の繁栄はあり得ない、と宗利は考えていたのである。

中身をより詳しく見ていくと、例えば第一条は本家の当主に関することだった。もしも当主の素行が悪かった場合、一族相談の上これを追放し、新しい当主を立ててよい、と述べていた。これは、分家や別家の相続に当たっても同様とされた。

万事において長男が優遇された封建社会の当時にあって、これは画期的なことだった。裏を返せば、当主といえども放蕩《ほうとう》で身を持ち崩すような軽挙妄動は厳に慎むべきであると釘を刺したわけである。

さらに奉公人に対しては、現代のボーナスに相当する褒美銀《ほうびぎん》の制度を設けるほか、仕事が手すきのときは読書や講義の聴講にいそしむようにと学問を奨励したのも当時の商家には珍しいことだった。それだけ宗利は鴻池一族の未来のために人材育成の大切さを痛感していたのであろう。

## ▼家訓による功罪とは

宗利が家訓の制定を思い立ったのは、鴻池一族があまりにも短期間に膨張したことと無縁ではないだろう。宗利の時代、本家と血縁関係がある分家は五家、子飼いの番頭が独立した別家は二十七家を数えた。それぞれは単体でも大きな商家であり、専門とする業種に相違こそあれ、いずれも金融業ということでは共通していた。

これほど巨大化した企業集団を一つにまとめあげるには、鉄の掟《おきて》——明確な拠《よ》り所がなくてはならない、と宗利は考えたに違いない。その鉄の掟を明文化したのが、『家定記録覚』だったわけである。

江戸時代を通じて、次々と商売敵《がたき》が現れては消えていくなか、鴻池家が無事に存続できたのは、ひとえにこの家訓を代々守り続けたからにほかならない。

ところが、明治維新を迎えると運命は一変する。

新政府から巨額の献金を命じられ、あまつさえ廃藩置県によって大名貸しの債権が、ただの紙切れになってしまったのである。そんな鴻池一族に替わって台頭したのが、三井、三菱、住友などの新旧の財閥だった。彼らは時流を読み、業態を柔軟に変化させることで時代の荒波を乗り切ったが、唯一、波に乗り遅れたのが鴻池であった。これは三代目善右衛門宗利以来の家訓を順守するあまり、大胆な変革に踏み出せなかったことが原因と言われている。

# 日本美術史に燦然と輝く巨星・本阿弥光悦を生み出した血脈の謎

## ▼マルチな才能を発揮

日本刀の歴史を語るうえで避けて通れない一族がいる。室町時代から江戸時代にかけて歴代の将軍に仕《つか》えて刀剣界をけん引した本阿弥《ほんあみ》一族がそれである。本阿弥氏の家業は主に刀剣の鑑定《めきき》、研磨《とぎ》、浄拭《ぬぐい》——の三つで、この家業を通して世に埋もれた名刀を発掘し後世に伝える努力を惜しまなかった一族である。

日本史好きであれば、この本阿弥一族から江戸時代初期に一人の天才芸術家が出たことをご存じであろう。

そう、本阿弥光悦《こうえつ》である。光悦こそは、家業の刀剣にかかわる仕事の傍《かたわ》ら、書家、陶芸家、画家、作庭家、能面打ち、出版元としても才能を発揮した、日本美術史上最高の総合芸術家《マルチアーティスト》であった。

たとえば、書では当時、「寛永の三筆」の一人にあげられるほどの能書家であった。そのほかにも今日では国宝や重要文化財に指定された茶碗や漆芸品などが数多《あまた》伝わっている。また、大まかなデザインは光悦自身が担当するが、実際の制作は腕利きの職人に任せるという、現代で言えばアートディレクター的なことも行った。そうした活動の一環で若き日の俵屋宗達《たわらやそうたつ》を見出し、結果的にのちの江戸中期の尾形《おがた》光琳《こうりん》・乾山《けんざん》兄弟につながる琳派《りんぱ》芸術を創始したのも光悦の功績である。

刀剣を鑑定する一族から、なぜこれほど偉大な芸術家が誕生したのであろうか。そこには一人の女性の存在が大きくかかわっていた。その女性とは一体何者？　本阿弥一族の歴史をたどりながら、そのあたりの謎に迫った。

▼裕福な商人の子として

本阿弥氏の先祖は「学問の神様」、菅原道真《すがわらのみちざね》だと言われている。鎌倉時代前期から中期にかけての公卿《くぎょう》で学者でもあった菅原（五条）高長《たかなが》の庶子《しょし》（妾腹《しょうふく》の子）に長春《ながはる》という者がいた。

この長春が法華宗《ほっけしゅう》に帰依《きえ》して本阿弥妙本《みょうほん》を名乗り、足利尊氏《あしかがたかうじ》に同朋衆《どうぼうしゅう》（将軍の近くで雑務や芸能にあたった人々）の一人として仕え、主に刀剣の鑑定を担当した。この長春――妙本が本阿弥氏の初祖とされている。

その後、本阿弥氏は代々刀剣や書画骨董《こっとう》などを商うことで商売でも成功し、戦国時代に入ったころには京でも指折りの富裕な商家となり、京の町衆文化の担《にな》い手の一人として押しも押されもせぬ存在となっていたのである。

その後本阿弥家は七代光心《こうしん》まで続くが、光心に男子ができなかったため、光心の娘妙秀《みょうしゅう》と結婚し養子に入ったのがのちの光二である。光二は、二度にわたって室町幕府京都侍所《さむらいどころ》所司代《しょしだい》（のちの京都町奉行に近いが、それよりも権力を持っていた）を務め、名所司代とうたわれた多賀高忠《たがたかただ》の孫にあたる人物。ところが、その後光心に男子（のちの八代光刹《こうさつ》）が誕生すると、光二は遠慮して別家を立てた。

この光二と妙秀の間に長男として誕生したのが本阿弥光悦で、桶狭間《おけはざま》の戦い（永禄三年＝一五六〇年）の二年前である。光悦は幼少期から父光二に家業を厳しく仕込まれて育った。

刀剣を鑑定するには、鞘《さや》や鍔《つば》などの拵《こしら》え（外装）に関しても当然知識が必要で、そのために光悦は木工、金工、漆芸、革細工、蒔絵《まきえ》、染織、螺鈿《らでん》などあらゆる伝統工芸について父から貪欲《どんよく》に学び取ったという。

▼芸術村で創作活動にいそしむ

光悦芸術を語るうえで欠かせないのが、元和《げんな》元年（一六一五年）、京都西北の鷹《たか》峯《みね》に開いた通称・光悦村の存在だ。この年、徳川家康《とくがわいえやす》から鷹峯に約九万坪（東西三百六十メートル×南北八百メートル）もの広大な土地を拝領した光悦は、そこに一族のほか、絵師や金工師など様々な職人を集めた。世俗に煩《わずら》わされることなく創作活動に専念しようと考えたのである。今日でいう「芸術村」であった。

このとき光悦五十八歳。当時の平均的寿命を考えれば、光悦のこの旺盛な創作意欲には頭が下がるものがある。この村では五十以上の家屋が軒を連ねていて、光悦の甥《おい》で、尾形光琳・乾山兄弟の祖父にあたる尾形宗伯《そうはく》という人物も指導役を務めていたという。光悦にとってそこはまさに理想郷であったに違いない。結局、光悦は寛永十四年（一六三七年）二月三日に八十歳で亡くなるまでの約二十年間、この芸術村で精力的に創作活動を続けたという。

**■本阿弥氏一族の略系図**

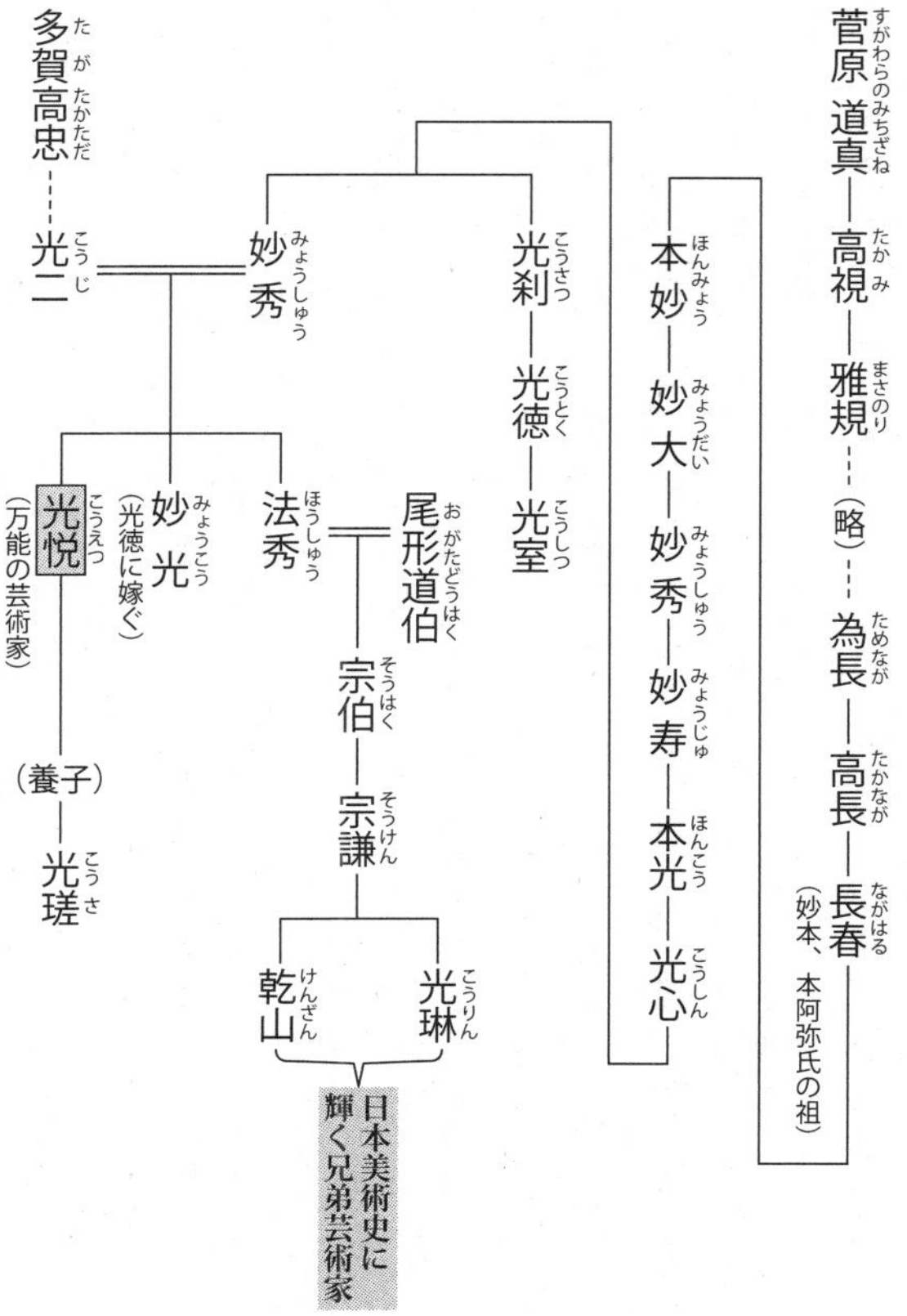
菅原道真《すがわらのみちざね》
高視《たかみ》
雅規《まさのり》
（略）
為長《ためなが》
高長《たかなが》
長春《ながはる》
（妙本、本阿弥氏の祖）
本妙《ほんみょう》
妙大《みょうだい》
妙秀《みょうしゅう》
妙寿《みょうじゅ》
本光《ほんこう》
光心《こうしん》
光刹《こうさつ》
光徳《こうとく》
光室《こうしつ》
妙秀《みょうしゅう》
多賀高忠《たがたかただ》
光二《こうじ》
光悦《こうえつ》
（万能の芸術家）
妙光《みょうこう》
（光徳に嫁ぐ）
法秀《ほうしゅう》
尾形道伯《おがたどうはく》
宗伯《そうはく》
宗謙《そうけん》
（養子）
光瑳《こうさ》
乾山《けんざん》
光琳《こうりん》
日本美術史に輝く兄弟芸術家

——ここまでみてくると、何も無いところから突然降ってわいたように光悦という天才芸術家が出現したわけではないことがよくわかる。初代妙本からおよそ二百年間にわたり、その時々の為政者《いせいしゃ》——足利将軍家や戦国の三英傑（織田信長《おだのぶなが》、豊臣秀吉《とよとみひでよし》、徳川家康）などのそばで一流品に触れ審美眼《しんびがん》を鍛えることに命をかけてきた一族でなければけっして生まれてこない才能だったのである。

### ▼権力者にも媚びない誠心の気風

光悦に限らず代々の本阿弥氏は、美術品を見極める審美眼には絶対の自信を持ち、たとえ相手が権力者であってもけっして阿《おもね》ることはなかったという。それを物語る、光悦とは同時代を生きた九代光徳《こうとく》に関してこんな逸話が残されている。

あるとき、家康が光徳を呼び寄せ、一振りの脇差《わきざし》を鑑定させたことがあった。その脇差は足利家に代々伝わった正宗の名刀だという。光徳は家康から脇差を受け取って作法通りに鑑定し終えると、こう言った。

「確かに正宗ですが、一度焼き直しがなされています。使い物にはなりません」

家康は秘蔵の刀をけなされて気分を害したものか、悔しそうに「足利尊氏の添状

まで付いているのじゃぞ」そう言うと光徳は、

「尊氏公の添え状があったとて何の役にも立ちません。それがし、尊氏公が刀の目利きだったとは今の今まで聞いたことがございません」

と、にべもなく言い放ったため、家康はいよいよ臍《へそ》を曲げ、二度と光徳を召し出すことはなかったという。

こうした本阿弥家に受け継がれた何者にも媚《こ》びない誠心の気風は、代々熱心な法華信者だったということと無縁ではないだろう。そして、その気風を一族中、もっとも強く受け継いだと思われるのが、光悦の母妙秀である。

▼この母にしてこの子あり

妙秀は先に述べたように七代光心の娘だった女性だ。気丈な性格の持ち主で、織田信長に謀叛《むほん》を起こした荒木村重《あらきむらしげ》の刀をめぐって夫光二がいわれない中傷を受けるという出来事があった際、鷹狩《たかがり》の途中だった信長の馬前に飛び出し、夫の無実を必死に訴えるという大胆な行動をとったことでもよく知られた女性である。

その半面、普段はいたって慈悲深く優しい人だった。商人の妻でありながら金銭を蓄えることには無頓着《むとんちゃく》で、ことあるごとに市中の貧者に施しを行ったという。また、光二との間で光悦をはじめ二男二女をもうけたが、子育てにも独特の考えを持っていた。子どもたちが何か不作法や人として卑しい行いをしてしまったとき、母の妙秀はその子の手を引いて二人だけで蔵にこもるのがつねだった。

そして、わが子を胸に抱きかかえると、いまの行いがなぜいけないのかを子の耳元で懇懇《こんこん》と諭《さと》して聞かせたという。子どもが間違ったことをしたとき、一時の腹立ちにまかせ、人前であろうと叱ったり叩いたりすることは容易《たやす》いが、それでは子どものためにならない。幼いわが子とはいえ一個の人格を持った人間なのだから、その人格を踏みにじるようなことをしてはならない、という考えだった。

また、あるときは、どこそこに継子《まま こ》を酷《ひど》くいじめる女がいると聞くと、「あさましきことである。継子ならわが子以上に大切にしなければいけないものを」そう言ってわがことのように嘆き悲しんだという。

### ▼光悦の作品を超える傑作とは

妙秀は元和四年（一六一八年）、九十歳という長寿で大往生を遂げた。人からもらった物を次々と貧しい人たちに施してしまうため、遺品は少しの着物と夜具（布団類）くらいであったと伝えられる。

このように一族の血を受け継いで、高潔で無私、さらに感性も人一倍豊かな母親の薫陶《くんとう》を受けて幼少期を過ごしたからこそ、光悦はのちに大芸術家として歴史に名を刻むことができたのであろう。光悦自身、書画、蒔絵、茶碗など様々な名品を後世に残したが、それらを凌駕《りょうが》する「本阿弥光悦」という傑作を生みだしたのはほかでもない、母の妙秀その人だったのである。

生涯を芸術活動に捧げた光悦は、母の教えを亡くなるまで守り、「小者一人、飯炊き一人」の清貧な暮らしを貫いたという。

# 江戸の将棋界を牛耳った大橋一族とは一体何者なのか

## ▼「名人位」は家元の世襲制だった

今日、プロ棋士が覇《は》を競う将棋界には「八大タイトル」と呼ばれる棋戦が存在する。すなわち、竜王、名人、王位、王座、棋王、王将、棋聖、叡王《えいおう》戦の八つである。このうち、もっとも歴史と格式をあわせ持つとされているのが、名人位である。昭和十二年（一九三七年）に木村義雄《きむらよしお》が初代実力制名人となって以来、令和元年（二〇一九年）に実施された第七十七期名人戦で勝利した豊島将之《とよしままさゆき》まで、のべ十四人の名人が誕生している。

実は、将棋界で名人という称号は江戸時代からあった。当時の名人は一度その座につくと終生名乗ることが許される終身制であった。しかも、茶の湯や舞踊のように家元制が採用されていて、家元の中でのみ名人位は受け継がれた。つまり親族間での世襲《せしゅう》制だ。特定の家元でなければ、どんなに実力があっても名人を名乗ることはできなかったのである。

そんな江戸時代に存在した将棋家元こそ、大橋家であった。この大橋本家と、本家から分かれた大橋分家と伊藤家の三家は「将棋三家」と呼ばれた将棋の家元で、江戸幕府から俸禄《ほうろく》を頂戴し、斯界《しかい》の権威として君臨した。

本項ではこの将棋家元の大橋家にスポットを当てた。大橋家の歴史や将棋とのかかわり、大橋家が江戸時代に果たした役割、さらに家元三家の中での熾烈《しれつ》な主導権争いなどについても語ってみよう。

▼戦国の三英傑も愛好者だった

将棋の起源だが、今から二千五百年ほど前にインドで始まったという。それが欧州に伝わってチェスになり、東へは中国に伝わって象棋《シャンチー》、日本では将棋となった。

日本に伝わった時期ははっきりしないが、平成四年（一九九二年）に奈良の興福寺旧境内から出土した駒が最古のもので、これが一〇五八年と特定されている。つまり、平安末期までに大陸からわが国に将棋が伝わっていたことになる。

当時の将棋は駒数が百枚を超えていた。その後、駒数を減らしたり、相手から取った駒を自分の駒として使えるようにしたりと日本独自のルールを加え、現行の将棋に近いものになったのは戦国時代とみられている。

それ以前は一部の公家や僧侶、商人などの間で普及していたが、戦国期になると盤上のかけひきは戦《いくさ》のかけひきに通じるものがあるというので、武士階級にも愛好者が広がっていった。戦国武将の中では三英傑（織田信長《おだのぶなが》、豊臣秀吉《とよとみひでよし》、徳川家康《とくがわいえやす》）のほか、越前の守護大名・朝倉氏が特に将棋を好んだことがわかっている。

将棋が盛んだった土地は、やはり公家が多い関係で京都だった。戦国末期、そんな京都に登場したのが、将棋家元・大橋家の祖であり初代名人の大橋宗桂《そうけい》である。

宗桂の素性だが、能楽関係の家に生まれたとされているが、史料が少なく裏付けはとれていない。

## ▼幕府から五十石五人扶持の俸禄を

幕末期に登場した大橋本家十一代宗桂（本家では十二人中八人の当主が「宗桂」

を名乗った）が、初代宗桂の二百回忌にあわせて作成した一族の系図が今に伝わっている。それによると、宇多《うだ》天皇を祖とする近江《おうみ》の豪族佐々木氏の系譜を引くとされているが、そこには明らかな間違いが散見され、信用できないという。

初代宗桂の出自について触れた史料には唯一、近世初期の能楽関連の史料があり、それによると、趣味で能楽をたしなんだ裕福な町衆であったという。この能楽を通じて公家や武家などの上流階級と近付きになり、将棋の魅力にひかれていったのであろう。初代宗桂は織田信長にかわいがられ、「桂」の使い方が巧みだったことから、宗桂と名乗るようにすすめられたという。

徳川の世となると、碁将棋を好んだ家康の鶴の一声により、碁打ちと将棋指しの家元に幕府からそれぞれ五十石五人扶持《ふち》の俸禄が与えられる。こうして将棋と囲碁は晴れて幕府公認の遊戯・技芸となった。

その後、寛文年間（一六六一年〜）となり、大橋一族は京都から江戸に移住を命じられ、寺社奉行の管轄下におかれて「御用達町人」の身分を与えられる。幕府に仕《つか》えたといっても、一年のうち大半は在宅勤務が許されており、毎年十一月中旬に登城し、将軍家（実際は老中あたりが代わりに観戦した）の面前で手並みのほどを披露するだけでよかった。これを「御城将棋《おしろしょうぎ》」という。

▼江戸の庶民には一八世紀後半から普及

一八世紀に入ると天下が泰平になったこともあり、碁将棋の愛好者が急増した。それに大きく貢献したのが、段位制度の導入だった。例えば、享保二年（一七一七年）刊行の将棋師の名簿『将棋図彙考鑑《ずいこうかん》』には、全部で百六十七人の有段者が記録され、内訳は七段三人、六段一人、五段四人、四段十七人、三段二十二人、二段三十人、初段九十人——とある。こうした段位制度の導入が、将棋家元の重要な収入源となったことは言うまでもない。

一八世紀も後半になると、それまで将棋愛好者には圧倒的に武士が多かったものが、庶民階級にも急速に広がった。当時、江戸市中には銭湯（湯屋）と髪結い床が町内に一軒はあったものだが、それらの休憩所には必ずと言ってよいほど将棋盤が置かれ、さながら将棋サロンと化していたという。

江戸っ子の気性に合うが飛車の利き

ヘボ将棋王より飛車をかわいがり

飛車角がみんな成り込む一ノ谷

――などなど、このころの江戸川柳にも将棋を題材にしたものが多く残されている。それだけ将棋が庶民の間に普及していた証拠だろう。

## ▼大橋本家と伊藤家が威信をかけて対局

将棋家元の大橋家が三家に分かれたのは、初代宗桂が寛永十一年（一六三四年）に亡くなり、長子の宗古《そうこ》が家督と二世名人を継いだときだった。宗古の弟宗与《そうよ》が大橋分家を興し、さらに宗古の娘婿の宗看《そうかん》が伊藤家を興して独立、こうして大橋一族による家元三家体制が成立する。

これは、徳川家が将軍制度を維持するため、紀伊・尾張・水戸の「御三家」を創設した例にならい、本家の血筋が絶えかかったときのためのいわば保険だった。

以後、この三家の中でもっとも棋力に秀でたものが名人位を受け継ぐという取り決めがなされたという。そのため三家のなかでは、たとえ実子であっても将棋の才能がなければ廃嫡《はいちゃく》され、身分を問わず将棋の強い子供を他家から養子に取るということが頻繁にあったらしい。

三家の中で次の名人位は話し合いで決められたが、つねに平和裏に決まったわけではなかった。互いに主張を譲らなかった場合、そこは将棋をなりわいとする家同士だけに、将棋で決着をつけようということになった。その最たる対局が、宝永六年（一七〇九年）十月から同八年二月の約一年半の間に行われた、将棋史に残る長期戦「印達《いんたつ》・宗銀《そうぎん》五十七番勝負」である。

伊藤印達は伊藤家の二代目・宗印《そういん》の嫡男で、対局が始まったときはまだ十二歳の少年だった。一方の大橋本家を背負った大橋宗銀は五代宗桂の養子（出自は武家とも）だった人物。宗銀もまた対局が始まったときは十六歳の若者だった。

▼二人の若き天才が共倒れ

ともに年少とはいえ棋力は抜群で、大橋本家と伊藤家はそれぞれの威信をかけ、自分たちの未来をこの若い俊英に託したのである。

結果、年下の印達の「三十六勝二十一敗」で幕を閉じる。この勝負は、勝てば勝つほど相手にハンデを与えていく「指し込み制」であったため、最後の対局では印達は「角落ち」で宗銀と戦っている。自分より四つも下の少年と角落ちで戦うはめ

## ■大橋本家の略系図

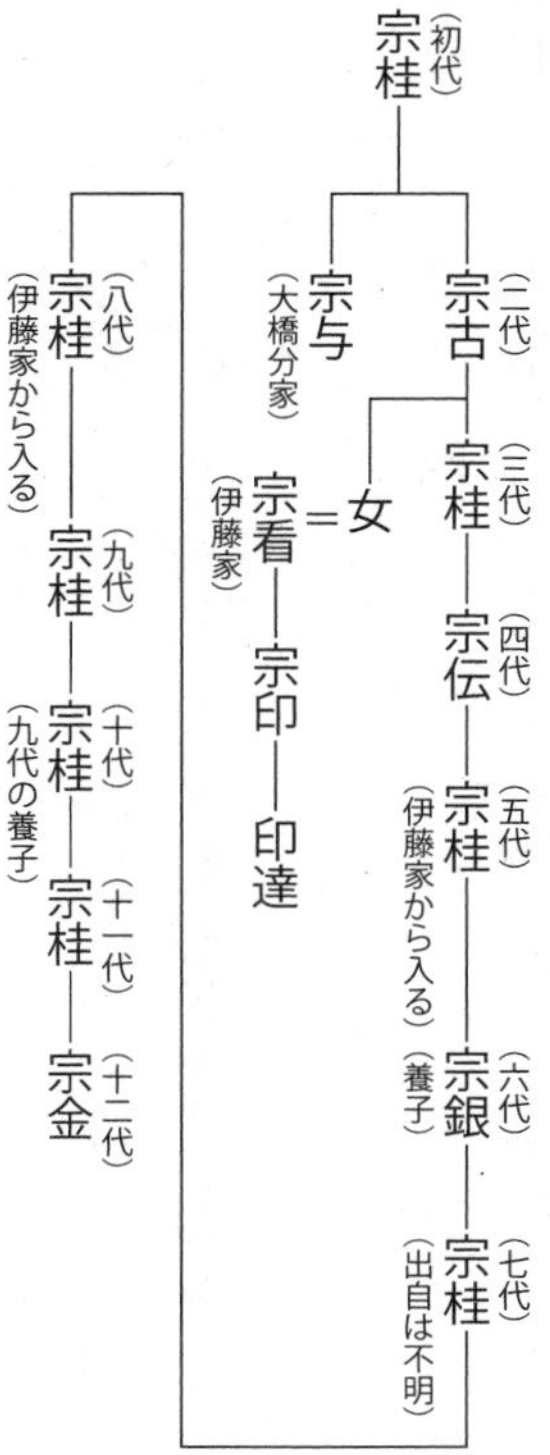


## ■歴代の家元制名人

（一世／本家）大橋宗桂
（二世／本家）大橋宗古（初代大橋宗桂の子）
（三世／伊藤家）伊藤宗看（伊藤家初代）
（四世／本家）大橋宗桂（初代伊藤宗看の子）
（五世／伊藤家）伊藤宗印（初代伊藤宗看の養子）
（六世／分家）大橋宗与（初代大橋宗桂の曾孫）
（七世／伊藤家）伊藤宗看（伊藤家二代当主・宗印の子）
（八世／本家）大橋宗桂（伊藤家二代当主・宗印の孫）
（九世／分家）大橋宗英（大橋分家三代当主・宗与の曾孫）
（十世／伊藤家）伊藤宗看（伊藤家五代当主・宗印の養子）
（十一世／伊藤家）伊藤宗印（伊藤家七代当主・宗寿の養子）
（十三世）関根金次郎（実力名人制を創始）

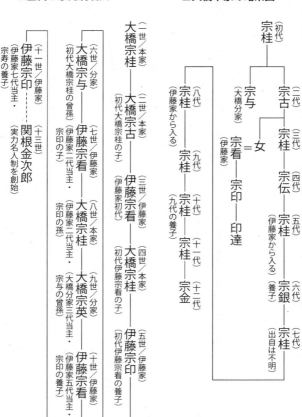

に陥ったこのときの宗銀の屈辱感というものは察するに余りある。

勝負の決着はついたが、この長期にわたった激戦で二人の若者は精根尽き果ててしまった。印達はわずか十五歳で夭折《ようせつ》し、その翌年には大橋本家を継いだばかりの宗銀もまた、印達の跡を追うように二十歳の若さで死去した。まさに、共倒れだった。こうして将棋界は二人の若き天才をほぼ同時期に失ってしまった。

将棋家元・大橋一族が見舞われた危機はまだある。剣術のように技芸をなりわいとする一族だけに、在野の強豪から勝負を挑まれることも珍しくなかった。そうした他流試合で歴史に名を残すのが、江戸末期の嘉永五年（一八五二年）に行われた、天野宗歩《あまのそうほ》対大橋宗珉《そうみん》の通称「吐血《とけつ》の対局」である。

のちに「棋聖」と称されることになる天野宗歩は、五歳で大橋本家十一代宗桂に弟子入りすると、すぐに頭角を現し、わずか十一歳で初段、十四歳で二段、十五歳で三段になった天才である。

▼御城将棋の場で世紀の一戦
現代将棋界の巨人、羽生善治《はぶよしはる》十九世永世名人はかつて「歴史上、もっとも強い棋

士は誰か？」と問われ、大山康晴《おおやまやすはる》の好敵手で鬼才をうたわれた升田幸三《ますだこうぞう》の名前とともに、この天野宗歩の名をあげているほどである。「当時の将棋界で宗歩のスピード感は抜きんでており、現代に現れてもすごい結果を残したに違いない」と羽生永世名人は語っている。

それほどの天才・宗歩だったが、やがて家元しか名人になれないなど当時の将棋界の古いしきたりに嫌気がさし、将棋三家を離れ、在野の棋士として独自の道を歩み始める。

そんな宗歩の強さにあこがれる将棋愛好家が続々と弟子入りを志願し、そのうち宗歩一門は将棋三家をしのぐほどの活況を呈するようになった。

宗歩一門の隆盛に危機感を抱いた将棋三家では、このまま看過《かんか》するわけにもいかず、ついに宗歩との対決を決断する。こうして全棋士にとっては最高の晴れ舞台である御城将棋の場で、どちらが強いか決着をつけようということになった。

宗歩の相手として将棋三家が選んだ棋士は、大橋分家から出た俊才・大橋宗珉その人であった。この世紀の大一番が行われたとき、宗珉は宗歩の一つ年下の三十六歳。まさに、指し盛りの二人だった。

二人の対局は一進一退の死闘となり、最後は宗珉がどうにかこうにか勝利をもぎ取った。宗珉は将棋家元の面目を守ったのである。

## ▼明治期に三家が相次いで途絶える

対局直後、宗歩は血を吐き、宗珉は病に倒れ、宗珉の妻は精神的重圧に耐えきれなかったのか、発狂したと伝わる。

将棋家元としての大看板を背負った宗珉と、当時の将棋界の古いしきたりに対する憤《いきどお》りを胸に秘めた宗歩。二人は命を賭《と》して決戦の場に臨んでいたことがこれでおわかりいただけよう。

こうして宗珉の活躍で将棋家元としての矜持《きょうじ》を守った将棋三家だったが、まもなく幕府が瓦解《がかい》すると運命は一変する。俸禄が打ち切りになったことに加え、世の中の大きな変革期に将棋を習おうという趣味人も激減し、三家は一気に衰退への道をたどり始める。

まず、明治十四年に大橋分家が断絶した。九代大橋宗与が罪を得て（詳細は不明）、投獄されたことが原因だった。ついで明治二十六年、伊藤家の八代目にして十一世名人の伊藤宗印が没し、伊藤家も消滅した。最後に残った大橋本家だが、こちらも明治四十三年に十二代目宗金《そうきん》が亡くなり、将棋家元本家としての家系は事実上途絶えた。大橋本家では一時、草鞋《わらじ》作りで糊口《ここう》をしのいでいたこともあったらしい。

それにしても、日本の歴史において家元制度の是非——特にマイナス点がいろいろ取り沙汰《ざた》されるが、この将棋三家に限っては、それまで曖昧《あいまい》だったルールを整備して将棋を老若男女誰でも親しめるゲームにし、今日の将棋界隆盛の礎を築いた功績は大いに評価されてよいだろう。

## 越後屋を日本一の呉服店にした三井家の秘められた歴史

### ▼日千両――芝居、魚河岸、吉原に越後屋

三井財閥は、三菱、住友と並ぶ日本三大財閥のひとつである。三井中興の祖といわれる三井高利《たかとし》が一七世紀後半、江戸本町に呉服店（屋号は越後屋《えちごや》、のちの三越百貨店）を開業、以来、越後屋は斬新な商法を次々と打ち出し、またたく間に江戸を代表する大商店へと発展した。その全盛期には江戸の人々から、「日千両――芝居、魚河岸、吉原に越後屋」と、江戸で日に千両の売り上げがある四つのうちの一つに数え上げられるほどであった。

明治期を迎えると三井家は、越後屋呉服店とは別に三井銀行と三井物産を立て続けに創業し、三菱や住友など新旧の財閥とともに日本の近代化を推進する一翼を担

ったのはご存じのとおり。

そんな三井財閥の基礎を築いた三井高利という商売の天才を生み出した三井家とは一体どんな歴史を持つ一族だったのだろうか。さらに、高利が発案した、当時としては画期的な越後屋商法とはいかなるものだったのか。越後屋の草創期、陰で高利を支えた二人の女性にもスポットを当てながらそのあたりをみていこう。

### ▼織田信長の侵攻を受ける

三井家の家伝によると、その歴史は平安時代中期の関白太政《だじょう》大臣・藤原道長《ふじわらのみちなが》に始まるという。藤原道長といえば、摂関《せっかん》政治（天皇の後見として政務の実権をとる政治形態）によって藤原一族の栄華を築き、通称「望月《もちづき》の歌」を詠《よ》んだことでも知られる大物貴族である。その道長の六男長家《ながいえ》から数えて五代目の藤原右馬之助《うまのすけ》（介）信生《のぶなる》が平安末期に京都から近江（滋賀県）に移り住み、武士になった。

近江に土着した信生は藤原姓を捨て、三井姓を名乗る。信生が琵琶湖の領地を視察していて偶然三つの井戸をみつけ、その中から財宝が出てきたことから、これを祝して三井姓に改めたのだという。

改姓のいきさつはさておき、先祖が藤原氏というのはかなり疑わしい。藤原氏と三井家を結び付ける史料が一切見つかっていないからだ。世に出てから箔を付けるために行った家系詐称と考えて間違いないだろう。

家伝の話を続けると、信生から十二代目の三井出羽守乗定《でわのかみのりさだ》のとき、南近江の守護・六角《ろっかく》氏に仕《つか》えるようになり、同時に六角氏から養子を迎えている。この養子は三井備中守高久《びっちゅうのかみたかひさ》を名乗り、以来、三井家の当主は名前に「高」の字を使うことが慣例となった。

高久は琵琶湖東岸にある鯰江《なまずえ》に居城を構えたが、高久から五代目の三井越後守《えちごのかみ》高安《たかやす》の代になり、織田信長《おだのぶなが》の侵攻を受けて六角氏は滅亡寸前にまで追い込まれる。高安も伊勢の松坂（明治中期に「松阪」に改称）に逃亡した。

▼長兄に疎まれ二十八歳で江戸を離れる

その後、高安の子・高俊《たかとし》が武士の身分を捨て、松坂に質屋兼酒屋「越後屋」を開く。商人としての三井家の始まりだった。屋号は、高俊の父・高安の官位が越後守だったことにちなむ。

## ■三井家略系図

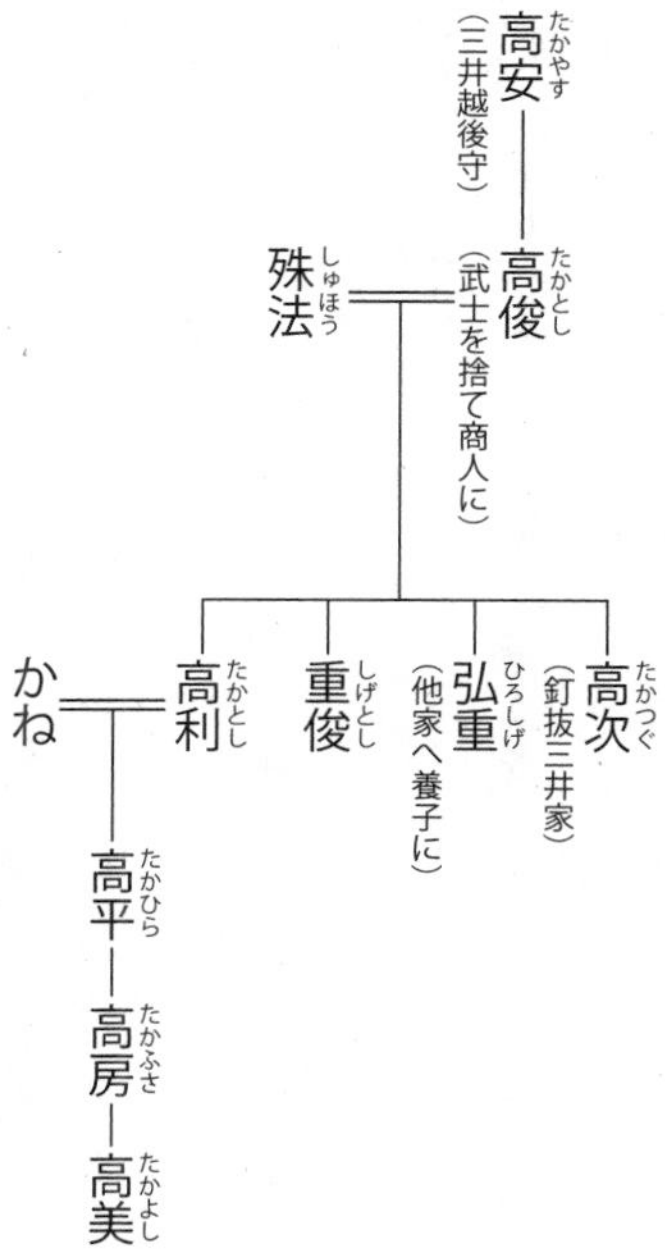


高利―かね夫婦には十五人の子（十六人説も）があり、うち男子八人、女子三人が成長した。男子はいずれも分家して商人の道を歩んだ。

高俊には四男四女があり、男子はいずれも商才に恵まれていた。特に長男高次《たかつぐ》は早くから江戸に出て本町四丁目に小間物屋（のちに呉服店となる）「越後屋」を開業していた。二男弘重《ひろしげ》や三男重俊《しげとし》もそれぞれ松坂や江戸で店を出している。

四男高利もまた十四歳で江戸に出て、長兄高次の下で商売のいろはを学んだ。この高利は四兄弟の中でも特に優秀で、一時は番頭として長兄から店の経営を任されるほどであった。ところが、切れ者すぎたことがかえって災いし、兄たちから疎《うと》まれ、江戸から追い払われてしまう。

表向きの理由は、松坂にいる母親の面倒を自分にかわってみてくれるよう長兄から言い含められたのだった。こうして高利は二十八歳のとき、失意のうちに単身、伊勢・松坂に帰国する。

その後、高利は「もう一度江戸で勝負をしてみたい」という再起の思いを胸に秘めたまま、家業に精を出し、財力を蓄えていった。故郷で妻も娶《めと》り、高利はこの妻との間に十男五女もの子宝に恵まれている。

子供たちが成長すると、来るべき再起に備え、次々と彼らを江戸へ送り込み、商売を勉強させたという。

## ▼当時の商習慣を真っ向から否定

松坂に戻って二十四年目のことだった。長兄高次が亡くなったのを機に高利は行動を起こした。延宝元年（一六七三年）、長男高平《たかひら》に命じて江戸本町一丁目に呉服店「越後屋」を開業する。このとき高利五十二歳。

この高利が開いた越後屋は画期的な店だった。このころの商店のほとんどは、代金は後日の掛け（ツケ）、つまり一年分のツケを盆と暮れの二回に分けるか、暮れの一回にまとめて客から支払ってもらうのが普通だった。呉服店も同様である。

しかも呉服店の場合、定価がなく、客との交渉で値段が決まった。売り方も、店内で客に直接売るのではなく、前もって得意先を回って注文を聞き、あとで商品を持参する方法か、直接商品を得意先に持参して売る方法のどちらかだった。また、売買は一反単位が当たり前だった。

こうした当時の商慣習を真っ向から否定したのが、越後屋のやり方だった。その新商法こそが「店前《たなさき》売り、現金掛け値なし」である。つまり、店内ですべての商品を定価で現金販売したのである。それまでは在庫を抱えるのを嫌って一反単位で行っていた販売方法も改め、客が必要な分だけ切り売りした。

この商法なら、当時の商人たちがもっとも頭を痛めていたツケの踏み倒しがなくなり、掛け売りの金利の心配も無用になった。ツケ売りを廃止したことで、良質な商品を安い値段で購入できるようになり、客側にとってもよいことずくめだった。

▼両替業にも乗り出す

この高利が始めた越後屋商法は大当たりをとった。連日、江戸中から客が集まり、店頭に長蛇の列ができた。こうした越後屋の一人勝ち状態を苦々しい思いで見ていたのが、旧態依然とした同業者たちで、越後屋は組合からの追放や引き抜きなど様々な嫌がらせをうける。

そこで仕方なく、呉服店としては一等地だった本町一丁目から駿河町に店舗を移転することになる。天和二年(一六八二年)のことだ。ところがその後も越後屋の繁盛ぶりに翳《かげ》りがさすことはついぞなかった。それどころか、駿河町に移転後に始めた両替業(現代の銀行業に相当)でも高利は商才を発揮した。

高利は幕府の公金為替《かわせ》にも手を広げ、幕府御用商人となり、江戸の経済の根幹を支える役割を担うまでに三井家を発展させたのであった。

そんな三井中興の祖となった三井高利は、元禄七年（一六九四年）、七十三歳で没した。兄たちに疎まれ故郷松坂で永い雌伏期間を余儀なくされ、当時としては五十二歳という高齢で再起を果たした高利。その後の人生は、まるでためにためていた鬱屈を一気に吐き出すかのような快進撃だった。

## ▼一族すべての店舗を一括管理する

高利は亡くなる直前、一族の繁栄がこの先も存続することを願って、子供たちにある遺言をしていた。それこそが「身代一致」と呼ばれるもので、すべての身代を兄弟の共有財産とすることで財産の分割を防ぐというアイデアであった。そのアイデアを具現化した人物こそ、高利の長子高平であった。

当時の三井一族は十一家を数え、江戸にとどまらず京大坂などにも呉服店や両替店を出していて、その数は二十店舗にも達した。宝永七年（一七一〇年）、高平はこれらの財産を一括管理する機関「大元方《おおもとかた》」を設置する。

その仕組みは、すべての資本や資産はこの大元方が管理し、各店へ「元建《もとだて》」（資本金）を出資する。各店は半期ごとに帳簿と一緒に利益に応じた一定額を上納し、三井一族十一家への「賄料《まかないりょう》」（生活費）は大元方から支給されるというものだった。早い話、今日でいう「持ち株会社」を設けたわけである。この大元方の主宰者（つまり社長）は原則、三井総領家の当主が代々務めたことは言うまでもない。

こうして高利―高平父子《おやこ》の先進的な経営手腕によって三井家は一族繁栄の基盤が築かれた。その後は好不況にかかわらず、高利―高平父子が遺した教えを「家憲」として遵守《じゅんしゅ》し、同族が一枚岩となって三井家を盛り立てたからこそ無事明治維新を迎えることができたのである。

### ▼母譲りの顧客本位の経営方針

ところで、これまで三井高利を越後屋の創業者のように紹介してきたが、高利はあくまで呉服店・越後屋の創業者であって、その前に伊勢・松坂に高利の父高俊が開いた質屋兼酒屋の越後屋があったことはすでに述べた。実は、厳密に言うと、この松坂の店を開いたのは確かに高俊だったが、実質的に店の経営を担っていたのは高俊の妻女・殊法《しゅほう》（落飾後の法名、本名は未詳）という女性であった。

戦乱もようやく収まり、徳川の世が訪れようとしていたとき、殊法は十三歳で三井家に嫁いだとされている。高俊という人は、元は武家の出だけに商売っ気に乏しく、俳諧《はいかい》など趣味の世界に明け暮れていたという。その点、殊法は伊勢の大商人の娘だっただけに商才があり、早くから商売に身が入らない夫の代わりに店を切り盛りしていたらしい。

例えば、ほかの質屋よりも低利で質物を仕入れ、お金を薄利で貸したことから、たちまち越後屋は評判となり、遠方からわざわざ客がやって来るほどであった。さらに、商家の小僧などが酒を買いに来たときなどは、小僧だからと軽く見ず、茶菓でもてなすのが常だったという。こうした「顧客本位」の地道な営業努力によって越後屋は財を殖やし、その蓄えを江戸出店につぎ込むことができたのである。

こうした母親——殊法の商売のやり方を身近に見ていただけに高利ら男子四兄弟は、いずれも商魂たくましく育つことができたのであろう。

### ▼「この娘なら」と見込んだ嫁とは

殊法はまた、大商人の娘とは思えないほど倹約家でもあった。自分の衣服を新調することなど年に一回もなく、高利ら子供たちの衣服も極めて質素だった。信仰心も厚く、店の従業員たちには主人と奉公人の垣根を越えて人情深く接したという。

この殊法の御眼鏡にかなった三井家の嫁こそ、高利の妻かね女だった。

かね女は、高利が江戸から戻って来てから松坂で娶った女性で、殊法同様、伊勢の大商人の娘だった。殊法が「この娘なら」と見込んだくらいだから、かね女は利発で慈悲深く、殊法に勝るとも劣らない倹約家でもあった。

奉公人に対してもやさしく接し、仕事のことで何か失敗をした奉公人がいたりすると、かね女はその奉公人と一緒になって高利に詫びたりした。また、奉公人の親族がまれに田舎から店を訪ねてきたりすると、その親族に対し賓客をもてなすが如く接待し、大いに恐縮されたという。

夫高利との間に十五人もの子を成したくらいだから夫婦仲は終生睦《むつ》まじく、高利が没した二年後にあとを追うようにかね女は亡くなっている。

三井高利は母殊法によって商人としての心構えを学び、妻かね女の内助の功によって家庭人としての幸福を得たがゆえに商売に邁進《まいしん》することができたのである。その意味では、殊法とかね女は三井家発展の大功労者と言えるだろう。

## ■主な参考文献（順不同）

「忍者の歴史」（山田雄司著／角川選書）、「戦国忍者列伝　80人の履歴書」（清水昇著／河出書房新社）、「信濃安曇族の謎を追う　どこから来て、どこへ消えたか」（坂本博著／近代文芸社新書）、「柳生宗矩の人生訓」（童門冬二著／ＰＨＰ研究所）、「定本大和柳生一族　新陰流の系譜」（今村嘉雄著）、「別冊歴史読本　柳生一族　新陰流の剣豪たち」（以上、新人物往来社）、「警視庁草紙」（山田風太郎著／ちくま文庫／河出文庫）、「明智光秀」（小泉三申著／岩波書店）、「歴史ＲＥＡＬ　明智光秀　光秀とは何者なのか？　ここまでわかった天下の謀反人の実像」（洋泉社）、「マイウェイムック　明智光秀50の謎」（マイウェイ出版）、「ＴＪＭＯＯＫ　もっと知りたい　明智光秀と本能寺の変」（宝島社）、「信長の経済戦略」（大村大次郎著／秀和システム）、「臨時増刊　歴史と旅　織田信長総覧」（秋田書店）、「天下人の父・織田信秀　信長は何を学び、受け継いだのか」（谷口克広著／祥伝社新書）、「歴史新書ｙ　中世島津氏研究の最前線」（日本史史料研究会監修　新名一仁編／洋泉社）、「別冊歴史読本72　毛利元就の生涯」（新人物往来社）、「安芸毛利一族」（河合正治著／吉川弘文館）、「大伴氏の正体」（関裕二著／河出書房新社）、「歴史読本　古代豪族の正体　ルーツと末裔」、「同　『古事記』『日本書紀』と謎の古代豪族」「同　消えた古代豪族『蘇我氏』の謎」、「同　古代最強の豪族蘇我氏」（以上、新人物往来社）、「中世武士選書14　大内義弘」（松岡久人著）、「同29　斎藤道三と義龍・龍興」（横山住雄著／以上、戎光祥出版）、「斎藤道三」（桑田忠親著／講談社文庫）、「長宗我部最後の戦い（上・下）」（近衛龍春著／講談社文庫）、「荒仏師　運慶」（梓澤要著／新潮文庫）、「Ｐｅｎ　２人の男が仏像を変えた　運慶と快慶。」（ＣＣＣメディアハウス）、「狩野永徳」（川本桂子著／新潮日本美術文庫）、「鴻池一族の野望」（南原幹雄著／徳間文庫）、「小説　本阿弥一門　光悦と家康」（南條三郎・南原幹雄編／人物文庫）、「アート・ビギナーズ・コレクション　もっと知りたい本阿弥光悦　生涯と作品」（玉蟲敏子・赤沼多佳・内田篤呉著／東京美術）、「新書y　将軍家『将棋指南役』　将棋宗家十二代の『大橋家文書』を読む」（増川宏一著／洋泉社）、「将棋の歴史」（増川宏一著／平凡社新書）、「史料が語る　三井のあゆみ　越後屋から三井財閥」（三井文庫編／吉川弘文館）、「日本全史」（講談社）、「名将言行録　現代語訳」（講談社学術文庫）、「合戦の日本史」（安田元久監修／主婦と生活社）など。

青春文庫

日本史《にほんし》の真相《しんそう》に迫《せま》る
「謎《なぞ》の一族《いちぞく》」の正体《しょうたい》

2020年 3月20日　第1刷

編　　者　歴史《れきし》の謎研究会《なぞけんきゅうかい》

発 行 者　小 澤 源 太 郎

責任編集　株式会社プライム涌光

発 行 所　株式会社青 春 出 版 社

〒162-0056　東京都新宿区若松町 12-1
電話 03-3203-2850（編集部）
　　 03-3207-1916（営業部）
振替番号　00190-7-98602

印刷／中央精版印刷
製本／フォーネット社
ISBN 978-4-413-09749-9

ほんとうのあなたに出逢う ◆ 青春文庫

## 自分のまわりにいいことがいっぱい起こる本

「幸運」は偶然ではありません！

原田真裕美

自分の魂の声に耳を澄ましていますか？ＮＹで予約の取れない人気サイキック・カウンセラーがお伝えする、自分で自分を幸せにする方法

(SE-740)

## 超ラク！速ワザ！エクセルの一発解決術

きたみあきこ

基本入力から関数までをカバー
自分史上最速で仕事が終わるエクセル技を伝授します！

(SE-741)

## 日本人なら知っておきたい美しい四季の言葉

復本一郎

「桜狩」「山笑う」「蚊遣火」「草いきれ」「風薫る」「ふくら雀」「沫雪」…なんて豊かな表現なんだろう

(SE-742)

## 図説 裏を知るとよくわかる！日本の昔話

徳田和夫［監修］

「桃太郎」「猿蟹合戦」「浦島太郎」…誰もが知ってる物語に驚きの発見が続々。なるほど、本当はこんな話だったのか！

(SE-743)